Seelenruhig

Angelika Gulder ist Psychologin, Coach und Deutschlands erste Berufungsfinderin. Sie bietet auf der Engelsfarm in Engelschoff bei Hamburg Coaching und Coachingausbildungen für Menschen, die ihre Berufung leben oder andere dabei unterstützen wollen.

Angelika Gulder

Seelenruhig

21 Inspirationen für mehr Lebensfreude

mit Illustrationen von Rita Berman

Campus Verlag
Frankfurt/New York

ISBN 978-3-593-50663-0 Print
ISBN 978-3-593-43574-9 E-Book (PDF)

Copyright © 2017 Campus Verlag GmbH, Frankfurt am Main
Layout, Satz und Umschlaggestaltung: Guido Klütsch, Köln
Illustrationen: © Rita Berman
Gesetzt aus der Fairfield und RideMyBikePro
Druck und Bindung: Beltz Bad Langensalza
Printed in Germany

www.campus.de

Für das Leben selbst

Inhalt

3. Teil: Deine persönliche Entwicklung

Das Leuchten in Deinen Augen

Als Kind hattest Du sie – die Neugier aufs Leben. Du warst offen für Neues, hattest ein Leuchten in den Augen. Du warst pure Lebensfreude und hast tief in Dir inneren Frieden und Seelenruhe verspürt.

Vielleicht konntest Du Dir einen Teil davon erhalten. Das wäre wundervoll, allerdings auch sehr selten. Die meisten von uns haben diese Qualitäten auf dem Weg ins Erwachsenenleben durch das, was man »Erziehung« und »Realität« nennt, verloren. Doch das Leben war nie als Kampf gedacht, eher als spannende Achterbahnfahrt mit Schmetterlingen im Bauch. Das Auf und Ab kannst Du nicht verhindern, aber Du kannst lernen, den Fahrtwind zu genießen!

In diesem Buch findest Du 21 Ideen, Inspirationen und Selbstcoaching-Techniken, um Deine Lebensfreude und Deinen seelenruhigen Kern wiederzufinden. Du lernst, mehr von dem zu tun, was Deiner Seele gut tut, in herausfordernden Situationen entspannter zu bleiben, und erstellst Dir eine Art »Notfallplan« für schwierige Zeiten.

Die Anleitungen werden allerdings nur funktionieren, wenn Du sie auch tatsächlich für Dich nutzt! *Vom Lesen allein ändert sich Dein Leben vermutlich nicht.* Falls Du also nicht bereit sein solltest, etwas dafür zu tun, dass Dein Leben glücklicher und entspannter wird, kannst Du Dir die Zeit sparen und Dir stattdessen die Sonne auf den Bauch scheinen lassen. Wenn Du aber Lust hast, wieder (mehr) Verantwortung für Dein Leben zu übernehmen, dann findest Du hier viele erprobte Wege, die Du dazu gehen kannst.

Du schuldest dem Leben das Leuchten in Deinen Augen. Hol es Dir zurück!

Alles Liebe, *Angelika*

Vom Hamster im Rad zum Fels in der Brandung

Wenn Du von außen auf Dein Leben schaust, fühlst Du Dich dann eher wie ein Hamster im Rad oder wie ein Fels in der Brandung?

Als Hamster im Rad bemühst Du Dich, Deinen Job fehlerfrei und engagiert zu erledigen, auch wenn es Zeiten gibt, in denen Du am liebsten etwas anderes tun würdest. Falls Du Kinder hast, bist Du bald nach der Geburt wieder arbeiten gegangen oder als moderner, Erziehungsurlaub nehmender Vater nur eine kurze Zeit zu Hause geblieben. Du kümmerst Dich regelmäßig um Deine Eltern, die immer mehr Deine Unterstützung brauchen. Du gehst zwei Mal pro Woche zum Sport oder nimmst es Dir zumindest vor, (das ist schließlich gesund). Du gibst viel dafür, eine glückliche Beziehung zu führen (oder Dich für Deinen Traumpartner fit zu machen), Dich persönlich und beruflich immer weiterzuentwickeln und jederzeit für alle erreichbar und verfügbar zu sein. Das Leben ist schließlich kein Ponyschlecken. Irgendwann wirst Du Dich auch mal richtig um Dich kümmern, aber eben noch nicht heute. Kommt Dir irgendetwas davon bekannt vor?

Hamster im Rad

→ Du läufst die meiste Zeit des Tages auf Autopilot.

→ Du funktionierst irgendwie.

→ Die Tage rasen an Dir vorbei.

→ Schon wieder ist ein Jahr vergangen und Du hast …
(Deine Träume, die große Reise, das eigene Café) immer noch
nicht wahr gemacht.

→ Dich belasten Themen mit Deinen Eltern, Deinem Partner,
Deinen Kindern, Deinen Freunden, Deinem Chef, Deinen
Kollegen, Deiner Arbeit oder Deiner Gesundheit.

→ Du hast zu wenig Zeit für Dich.

→ Du hast irgendwie den Kontakt zu Dir selbst verloren.

Als Fels in der Brandung hingegen freust Du Dich darauf, am Montag wieder zur Arbeit zu gehen und dort einen guten Job zu machen. Am Abend erwartet Dich eine schöne Unternehmung mit Deinem Partner oder guten Freunden oder Du hast den ganzen Abend Zeit für Dich und lässt es Dir gutgehen. Das Wochenende ist für Dein Lieblingshobby reserviert, in dem Du völlig aufgehst und bei dem Du die Zeit vergessen kannst. Du hast ein gutes Gefühl für Deinen Körper, spürst Deine innere Mitte und gehst in Gedanken und im täglichen Leben liebevoll mit Dir selbst und anderen um. Du bist mit Dir und der Welt im Reinen und wünschst allen, die Du kennst, nur das Beste. Wie klingt das für Dich?

Fels in der Brandung

→ Du sorgst gut für Deinen Körper, Deinen Geist und Deine Seele.

→ Du nimmst Dir regelmäßig Zeit für Pausen.

→ Du weißt, was Dir gut tut und machst möglichst viel davon.

→ Du weißt, was nicht gut für Dich ist und lässt die Finger davon.

→ Du klärst Konflikte möglichst rasch und frisst nichts in Dich hinein.

→ Du hörst auf Deine innere Stimme.

In den meisten Fällen ist das Leben sicher eine Mischung, doch es ist möglich, weniger im Hamsterrad gefangen zu sein und sich mehr als ein Fels in der Brandung zu fühlen. Und das ist leichter, als Du vielleicht denkst. Alles, was Du dafür brauchst, ist Klarheit darüber, was Du vom Leben willst, was Dir gut tut und was nicht, und eine innere Haltung, mit der Du die Stürme des Lebens möglichst entspannt überstehen kannst.

Wie Du seelenruhig wirst

Ich bin überzeugt, dass es für Dich (wie für jeden Menschen) darum geht, den Weg zu gehen, den Dein Leben und Deine Seele für Dich vorgesehen haben und dabei Dein Bestes zu geben. Oder anders gesagt, das zu tun, was Dir – unter all den Schichten von Konventionen und übernommenen Vorstellungen von Eltern, Partnern, Freunden und der Gesellschaft – wirklich entspricht. Ganz sicher geht es nicht darum, dauernd und überall Kompromisse einzugehen und es allen recht zu machen.

Die meisten Menschen sind überwiegend im Hamster-im-Rad-Modus und funktionieren irgendwie. Dazu kommt, dass das Leben und die Jahre oft nicht so laufen, wie wir es erwarten oder uns irgendwann vorgestellt haben. Es passieren gute Dinge, aber auch schlimme. Wir werden älter, irgendwann auch langsamer, gleichzeitig zieht die mediale Entwicklung an. Den Sprung vom Handy zum Smartphone haben wir noch locker mitgemacht, aber nun ist schon wieder etwas Neues »in«. So werden wir unseren eigenen Erwartungen oder denen von anderen irgendwann nicht (mehr) gerecht. Statt fürs Haus am See hat es außerdem doch nur für ein Reihenhaus gereicht. Die Kinder sind keine Überflieger, sondern durchschnittliche, ab und zu sehr merkwürdige Teenager. Wir selbst und unsere Partner haben etwas Speck angesetzt. Und die Nachbarin nervt mit ihrem stets perfekten Vorgarten, während das Einzige, was bei uns blüht, das Unkraut ist. So ist es eben, das Leben.

 »Shit happens, things change, don't take it personally«. Diese Aussage stammt von Jon Kabat-Zinn, dem Erfinder des Achtsamkeitstrainings. Das ist vermutlich eine gute Idee. Doch wie geht das? Indem wir den Ort in uns wiederfinden, der uns unsere Kraft gibt: unsere Seelenruhe.

SEELENRUHE

Seelenruhe ist die Fähigkeit, dem Leben grundsätzlich entspannt und offen zu begegnen, Krisenzeiten mit einem Gefühl von innerer Stabilität zu meistern und sich – egal, was passiert – immer wieder aufzurappeln. Seelenruhige Menschen wirken wie ein Fels in der Brandung, weil sie kaum (oder zumindest nicht für längere Zeit) zu erschüttern sind. Sie haben eine positive Lebenseinstellung und den Blick klar nach vorn auf ihre Ziele gerichtet. Sie kennen sich selbst und wissen, was ihnen gut tut und wovon sie besser die Finger lassen. Menschen mit ausgeprägter Seelenruhe sind natürlich auch verwundbar, aber sie sind unbesiegbar.

Ein glückliches Leben ist nicht ein Leben frei von Belastungen, Spannungen oder Katastrophen. Ein glückliches Leben beinhaltet Licht und Schatten, Krisen und Wachstum. Es erfordert zu lernen, das Gute im Schlimmen zu sehen und auf das Auf und Ab des Lebens blicken zu können, ohne davon jedes Mal mitgerissen zu werden.

Die Fähigkeit, Krisen positiv zu meistern, wird in der Psychologie Resilienz genannt. Das ist der eine Teil der Seelenruhe. Ob man damit ausgestattet ist, hängt zum Teil von den Genen ab. Der übrige Teil entsteht in unseren ersten Lebensjahren und entwickelt sich bis ins Erwachsenenalter. Wem Resilienz nicht in die Wiege gelegt wurde, der kann sie zum Glück aber auch später noch erlernen.

Ein weiterer Bestandteil der Seelenruhe ist Gelassenheit, aus der ebenfalls die Fähigkeit zum Umgang mit schwierigen Situationen entsteht. Nicht jeder Mensch allerdings, der Krisen gut meistert, ist in seinem täglichen Leben auch ein Meister der Gelassenheit. Weil resiliente Menschen oft intensiver leben, sind sie häufig sogar besonders angespannt, nervös oder hektisch. Erst wenn Resilienz und Gelassenheit zusammenkommen, kann ein Mensch stabil und dauerhaft in seiner inneren Mitte bleiben und das Leben in seiner ganzen Fülle annehmen. Erst dann kann er auf Dauer wirklich seelenruhig sein.

Die wichtigsten Bausteine der Seelenruhe

→ Einen Job haben, der der Berufung entspricht oder zumindest wirklich okay ist.

→ Seine Träume wahr machen und das eigene Potenzial so gut wie möglich leben.

→ Sich über die eigenen Lebensziele im Klaren sein und sie so gut wie möglich ansteuern.

→ Einen (höheren) Sinn im Leben sehen.

→ Sich selbst wirklich gut kennen mit allen Gedanken, Einstellungen, Gefühlen und Fähigkeiten.

→ Sich selbst, andere und das Leben akzeptieren, wie es ist.

→ Raus aus der Opferrolle und rein in die Selbstverantwortung.

→ Eine innere Haltung von »Wird schon gutgehen«.

→ Nicht alles (und vor allem sich selbst) so furchtbar ernst nehmen.

Seelenruhig zu sein bedeutet übrigens nicht, besonders cool zu sein, nichts an sich heranzulassen, Menschen oder Dingen gegenüber gleichgültig zu sein oder alles weit von sich wegzuschieben. Es bedeutet auch nicht, alles hinzunehmen, was einem begegnet. Wo wir etwas tun können, um ungute Situationen zu verbessern, sollten wir das natürlich auch tun. Aber bevor man in Aktionismus verfällt, ist es sinnvoll, innezuhalten, in sich hineinzuhören und dann ganz klar zu unterscheiden, ob es um ein gelassenes Umgehen mit einer blöden Sache geht oder darum, sie tatkräftig zu verändern.

Deine Seelenruhe ist wie ein Muskel, der immer wieder trainiert werden muss. Je mehr Du das Gefühl hast, das Richtige zu tun und am richtigen Platz zu sein, desto deutlicher spürst Du, wo es für Dich im Leben langgeht. Desto entspannter wirst Du sein. Und desto weniger wirst Du Dich von anderen verrückt machen lassen.

WIE ICH SEELENRUHIG GEWORDEN BIN

Seit fast zwanzig Jahren arbeite ich als Ganzheitlicher Coach. Ich habe meine Berufung gefunden und meinen Lebenstraum mit einem eigenen Seminarzentrum auf einem alten Bauernhof mitten im Grünen wahrgemacht. Ich folge der Stimme meiner Seele und gehe den Weg, der mir entspricht. Heute fühle ich mich innerlich seelenruhig. Doch das war nicht immer so. Tatsächlich trug ich seit frühester Kindheit mehr Sensibilität und Unruhe in mir als die meisten anderen Menschen. Meine Seelenruhe habe ich mir in vielen Jahren erarbeitet.

In meinem Leben gab es schon sehr früh zahlreiche Schicksalsschläge, Todesfälle in nächster Nähe, Krisen, lebensbedrohliche Ereignisse und große persönliche Herausforderungen. Mit siebzehn Jahren war jeder Mensch, den ich liebte, tot oder weit weg, und ich war im wahrsten Sinne des Wortes vater- und mutterseelenallein. Ich brauchte mehr als 30 Anläufe (genauer: so viele verschiedene Jobs und Berufe), zwei (ungerechtfertigte) Kündigungen und zwei Burn-outs, bis ich meine Berufung erkannt und mich endlich für den Job entschieden habe, der mich glücklich macht. Ich habe viele Jahre an falschen Orten mit den falschen Menschen verbracht. Und ich habe viel zu lange zu wenig auf die Signale meines Körpers und meiner Seele gehört.

All diese Ereignisse waren beängstigend und furchtbar, und ich bin sehr froh, sie überstanden und überlebt zu haben. Doch trotz allem, was mir geschehen ist, angetan wurde, und dem, für das ich selbst die Verantwortung trage, habe ich mich an jedem Tiefpunkt meines Lebens immer schnell wieder aufgerichtet. Trotz aller Fehl-, Rück- und Niederschläge habe ich nie das Vertrauen ins Leben verloren.

Ein Teil dieser Überlebenskraft (die Resilienz) ist mir in die Wiege gelegt worden. Auch mein Vater hat sich als Widerstandskämpfer in der damaligen DDR trotz vieler Jahre Folter und Gefängnis nicht brechen lassen und war bis zum Ende seines Lebens politisch aktiv. Der andere Teil (die innere Gelassenheit) stammt daher, dass ich mich schon sehr früh in meinem Leben dem, was mir begegnet ist, gestellt und intensiv damit auseinandergesetzt habe.

Ich nehme mir jeden Tag eine Stunde Zeit für eine gründliche schriftliche Reflexion. Damit habe ich angefangen, als ich zwölf Jahre alt war. Früher nutzte ich dafür die Zeit nach der Schule, seit über dreißig Jahren tue ich es jetzt jeden Morgen beim Kaffee. Beim Schreiben verschaffe ich mir Klarheit über meinen aktuellen Zustand: Wie geht es mir? Was bedrückt mich? Woher kommt das? Was kann ich tun, um das zu ändern? Was für Themen sind gerade in meinem Leben, und wie kann ich bestmöglich damit umgehen?

»Seele putzen« nenne ich das. Es ist das Geheimnis meiner ganz persönlichen Seelenruhe. Keine Angst, falls Schreiben nicht Dein Ding ist. Du musst es nicht jeden Tag und auch nicht eine Stunde lang tun. Es genügt, wenn Du es machst, wenn es Dir nicht gutgeht (wobei es prophylaktisch natürlich eine feine Sache ist, denn dann geht es Dir viel seltener schlecht).

Mit allem, was Du aufs Papier bringst – und damit raus aus Deinem Kopf –, kannst Du sehr viel besser umgehen. Das Gedankenkarussell hört auf, sich unaufhörlich zu drehen, und Du kannst ganz systematisch Ruhe in das aktuelle Thema und mittelfristig auch in Dein Leben bringen. Beim Schreiben habe ich auch einige der Coaching-Techniken und Inspirationen entwickelt, die mir selbst sehr geholfen haben und die Du darum hier im Buch findest.

SEELENRUHIG DURCH COACHING

Anfang der 2000er Jahre habe ich mich als Ganzheitlicher Coach selbstständig gemacht. Bis zu dem Zeitpunkt gab es in Deutschland fast nur Business-Coaching in Firmen und nur wenige Menschen wussten, was Coaching überhaupt ist. Als Coach unterstütze ich Menschen dabei, sich selbst besser kennenzulernen und den Kontakt zur eigenen Seele wiederzufinden. Im Ganzheitlichen Coaching gehe ich davon aus, dass die drei wichtigsten Bereiche unseres Lebens – Beruf/Berufung, Lebensumstände/Lebensträume und persönliche Entwicklung/Kontakt zur eigenen Seele – in jeder Hinsicht ineinandergreifen. Niemand kann glücklich sein, wenn er zwar seine Berufung lebt, aber in einer Stadt wohnt, die ihm nicht gut tut. Oder in einer unglücklichen Beziehung ist. Oder den Kontakt zu sich selbst verloren hat.

Meine Kunden sind auf der Suche nach Orientierung und Klarheit. Oft sind sie gestresst, überfordert, unterfordert, vor oder nach dem ersten oder zweiten Burn-out, frustriert, orientierungslos, haben Angst, Fehler zu machen, oder können die Aufgaben und Anforderungen des täglichen Lebens nicht bewältigen. Vielen fehlt eine Vision – oder es fehlen zumindest klare Ziele fürs Leben. Viele spüren, dass das, was sie gerade im Job und auch sonst tun, noch nicht alles gewesen sein kann. Doch das Hamsterrad lässt ihnen keine Zeit, sich zu besinnen, und selbst wenn sie dazu kommen, drehen sich ihre Gedanken im Kreis.

Darum habe ich drei Coaching-Methoden entwickelt und in meinen ersten drei Büchern beschrieben; den »Karriere-Navigator«, den »Lebenstraum-Navigator« und den »Seelen-Navigator«. Diese Methoden helfen, sich über die grundlegenden Themen im Leben klar zu werden.

Doch selbst wer das erreicht hat, kommt immer wieder in Situationen, die ihm alles abverlangen. Da erfährt man durch Zufall, dass der Partner seit einem Jahr fremdgeht, der jüngste Sohn wird die Versetzung nicht schaffen und der Opa wird mit Blaulicht ins Krankenhaus eingeliefert. Das braucht ja wirklich kein Mensch. Die meisten von uns hoffen doch im Stillen, dass uns Schicksalsschläge und persönliche Katastrophen erspart bleiben. Aber das Leben läuft nun Mal nicht immer nach Plan. Und dann ist es ein Segen, Handwerkszeug zur Verfügung zu haben, um mit den Herausforderungen, dem Druck und dem Stress gesund umzugehen.

Dieses Buch enthält viele der Strategien, Methoden und Techniken, die mir selbst enorm geholfen haben (und es immer noch tun). Deshalb wende ich sie auch im Ganzheitlichen Coaching an und gebe sie in meinen Ausbildungen weiter. Das Buch ist Dein ganz persönlicher Seelenruhig-Coach. Darum enthält es nicht nur Anleitungen, sondern auch immer wieder Fragen, die Deine Selbstreflexion anregen wollen. Da ich ein sehr praktisch veranlagter Mensch bin, findest Du theoretische Hintergründe zu einzelnen Themen nur an den Stellen, an denen es unbedingt nötig ist. Mir ist viel wichtiger, dass Du die Inspirationen hier im Buch sofort umsetzen kannst und dass sie Dein Leben glücklicher, entspannter und seelenruhiger machen. Und das möglichst sofort. Doch wie steht es im Moment um Deine ganz persönliche Seelenruhe?

Der Seelenruhig-Test

Kaum jemand kann aus dem Stegreif wirklich differenziert beschreiben, wo er im Leben gerade steht. Um herauszufinden, wie es um Deine Seelenruhe in den drei wichtigsten Bereichen Deines Lebens gerade bestellt ist, mach, bevor Du ins Buch richtig einsteigst, jetzt als Erstes den Seelenruhig-Test.

Bei diesem Test findest Du 33 Fragen, die *Deinen Beruf*, *Dein Leben* und *Deine persönliche Entwicklung* betreffen. Jede Aussage ordnest Du möglichst spontan danach ein, wie sehr sie aktuell für Dich zutrifft.

5 → trifft voll und ganz zu
4 → trifft meistens zu
3 → trifft mal zu und mal nicht
2 → trifft selten zu
1 → trifft gar nicht zu

1. Ich stehe jeden Morgen gerne auf, um meinen Job zu machen.
2. Viele meiner Träume habe ich mir bereits erfüllt.
3. Alles in allem habe ich eine gute innere Balance.
4. Ich habe genug Zeit für mich.
5. Meine Arbeit erfüllt mich.
6. An den meisten Tagen bin ich mit meinem Leben sehr zufrieden.
7. Ich fühle mich jeden Tag wirklich lebendig.
8. Ich liebe meinen Job.
9. Mit intensiven Gefühlen kann ich gut umgehen.
10. Mein Beruf ist meine Berufung.
11. Ich lebe mein volles Potenzial.

12. Ich sorge gut für mich und meine Bedürfnisse.

13. Ich bin im Großen und Ganzen mit meiner Arbeit sehr zufrieden.

14. Mit Konflikten komme ich gut zurecht und nehme sie nicht zu persönlich.

15. Ich gönne mir ausreichend Pausen.

16. Mein Job fordert mich im genau richtigen Maß. Nicht zu viel und nicht zu wenig.

17. Was ich heute beruflich mache, würde ich auch tun, wenn ich kein Geld dafür bekäme.

18. Ich habe das Gefühl, mein Leben hat einen Sinn.

19. Ich bin auf dem richtigen Weg.

20. Es gibt nur wenig, das mich wirklich richtig aufregt.

21. Ich habe ein gutes Gefühl bei dem, was ich täglich in meinem Job tue.

22. Es gibt immer wieder Neues für mich zu entdecken.

23. Ich achte gut auf mich und mein Wohlbefinden.

24. Ich gehe bewusst durchs Leben.

25. Ich habe das Gefühl, in meinem Job bin ich am richtigen Platz.

26. Ich bin in Kontakt mit mir selbst und meiner Seele.

27. Ich freue mich auf das, was noch kommt.

28. In meinem Job kann ich meine Talente optimal einbringen.

29. Mein Leben ist insgesamt in einer guten Balance.

30. Ich reflektiere regelmäßig mich selbst, mein Verhalten und mein Leben.

31. Der Inhalt meiner beruflichen Tätigkeit passt gut zu mir.

32. Ich habe das Gefühl, am richtigen Fleck zu sein.

33. Mich bringt so schnell nichts aus der Ruhe.

Jetzt zur Auswertung

Der Test beinhaltet Fragen zu den Bereichen Arbeit, Leben und persönliche Entwicklung. In jedem Bereich ist eine Gesamtpunktzahl zwischen 11 und 55 Punkten möglich.

Arbeit

Um das Thema Arbeit geht es in den Fragen 1, 5, 8, 10, 13, 16, 17, 21, 25, 28 und 31. Bitte zähle Deine Punkte für diese Fragen zusammmen.

40 bis 55 Punkte

Gratuliere! Du bist, was Deinen Job angeht, auf jeden Fall schon im grünen Bereich. Je höher Deine Punktzahl ist, desto weniger gibt es hier für Dich zu tun. Doch was gut ist, kann auch immer noch ein kleines bisschen besser werden. Auch wenn Dein Job schon super ist, lohnt es sich trotzdem für Dich, die Ideen im ersten Teil des Buches für Dich zu nutzen. Dann kannst Du noch mehr Menschen als motivierendes Beispiel mit Deinem Glück anstecken.

25 bis 39 Punkte

Dein aktueller Job dürfte für dich »ganz okay« sein. Er tut nicht weh, macht aber auch nicht glücklich, richtig? Auf dieser Basis kannst Du im Prinzip weitermachen, solange es andere Bereiche in Deinem Leben gibt, in denen Du Dich wirklich erfüllt fühlst. Für ein Leben im Mittelmaß sind wir auf Dauer allerdings nicht geschaffen. Früher oder später geht es auch für Dich darum, Dein volles Potenzial zu leben. Wenn nicht im Job, dann in anderen Bereichen. Im ersten Teil des Buches kannst Du für Dich herausfinden, welche das sein könnten.

11 bis 24 Punkte

Du kannst davon ausgehen, dass der Job, den Du im Moment machst, nicht Deine Berufung ist. Vermutlich nicht mal nah dran ist. Für Dich ist wichtig, herauszufinden, woran es liegt, dass Du hier noch nicht zufrieden bist. Ist es die Tätigkeit selbst? Sind es die Rahmenbedingungen? Die Kollegen? Der Chef? Die lange Anfahrt? Im ersten Teil des Buches gebe ich Dir zahlreiche Inspirationen, wie Du Deine Lebensqualität in Bezug auf Deinen Beruf kurz- und langfristig verbessern kannst. Es könnte außerdem sehr hilfreich für Dich sein, den »Karriere-Navigator« auszuprobieren. Infos dazu findest Du am Ende des Buches.

Leben

Um das Thema Leben geht es in den Fragen 2, 6, 7, 11, 12, 18, 19, 22, 27, 29 und 32. Bitte zähle Deine Punkte für diese Fragen zusammen.

40 bis 55 Punkte

Du scheinst Dir schon sehr klar darüber zu sein, was Deine Lebensziele sind und wie Du sie erreichen kannst. Insgesamt bist Du mit Deinem Leben offenbar im Reinen. Das ist etwas Besonderes. Klopf Dir dafür ruhig selbst auf die Schulter oder schenke Dir sogar eine Umarmung (das kann man auch prima allein machen). Doch auch wenn Du hier eine hohe Punktzahl erreicht hast, kannst Du die Fragen und Anregungen im zweiten Teil des Buches nutzen, um neue Ziele zu finden und noch weitere Deiner Träume wahr zu machen.

25 bis 39 Punkte

Insgesamt scheint Dein Leben in einer guten Balance zu sein. Es gibt Bereiche, die schon ziemlich gut laufen. Andere hingegen haben noch einiges an Entwicklungspotenzial. Vielleicht geht es für Dich darum, einen tieferen Sinn zu entdecken oder noch ein paar Deiner bewussten oder vielleicht sogar noch unbewussten und versteckten Träume wahr zu machen? Schau Dir im zweiten Teil des Buches an, was Du tun (oder lassen) kannst, um noch mehr Glück in Deinem täglichen Leben zu empfinden und mehr von dem zu erleben, was Dir wirklich gut tut.

11 bis 24 Punkte

Du bist im Moment wahrscheinlich nicht besonders zufrieden mit Deinem Leben. Vermutlich fühlst Du Dich manchmal wie ein Automat, der einfach jeden Tag das Gleiche tut, ohne groß nach rechts und links zu schauen. Vielleicht schaust Du aber auch traurig oder sehnsüchtig auf andere Menschen, die vor Lebendigkeit sprühen, und fragst Dich, wie zum Teufel die das machen. Nutze die Fragen und Anregungen im zweiten und dritten Teil des Buches, um Dir darüber klar zu werden, welche Potenziale in Dir stecken und wie Du sie umsetzen kannst, um lebendiger und zufriedener durchs Leben zu gehen. Vielleicht hast Du auch Lust, den »Lebenstraum-Navigator« aus meinem zweiten Buch zu bearbeiten, um mehr Visionen und Kraft für Dein Leben zu erhalten.

Persönliche Entwicklung

Um das Thema persönliche Entwicklung geht es in den Fragen 3, 4, 9, 14, 15, 20, 23, 24, 26, 30 und 33. Bitte zähle auch diese Punkte zusammen.

40 bis 55 Punkte

Deine Seelenruhe ist schon überdurchschnittlich stark ausgeprägt. Vermutlich hast Du schön öfter gehört, dass Menschen Dich dafür bewundern, dass Du so entspannt bist. Oder Du bist schon oft um Rat gefragt worden.

Vielleicht ist es Teil Deiner Aufgabe, diese Entspanntheit an andere Menschen weiterzugeben. Das tust Du schon durch Dein Vorbild. Aber vielleicht kommt das ja auch als Job oder Ehrenamt oder sogar als Coach für Dich in Frage. Die Anregungen in Teil 3 können in dem Fall für Dich hilfreich sein, um Deine Seelenruhe noch besser an andere weiterzugeben.

25 bis 39 Punkte

Die meiste Zeit bist Du vermutlich einigermaßen entspannt und ausgeglichen, und Du tust bereits einiges dafür, dass das so bleibt. Es gibt aber immer noch ein paar Sachen, die Dich in Nullkommanichts auf die Palme bringen können. Das macht Dein Leben anstrengender, als es sein müsste. Du findest vor allem im dritten Teil des Buches einfache Techniken und Methoden, um Deinen persönlichen Herausforderungen mit mehr Leichtigkeit zu begegnen und innerlich noch mehr zur Ruhe zu kommen.

11 bis 24 Punkte

Von innerer Ruhe bist Du im Moment noch weit entfernt. Vielleicht mangelt es auch an äußerer Ruhe in Deinem Leben? Es kann Dir sehr helfen, wenn Du die psychologischen Mechanismen verstehst, die hinter den Dingen, die Dich unruhig machen, stehen. In allen drei Teilen des Buches findest Du Anregungen, um besser für Dich zu sorgen. Es kann außerdem sinnvoll sein, wenn Du Dich mit dem »Seelen-Navigator« beschäftigst, um Dir selbst näher zu kommen und zu lernen, besser für Dich zu sorgen. Auf jeden Fall: Pass gut auf Dich auf!

DEIN ZIEL FORMULIEREN

Nachdem Du jetzt weißt, wo Du in den drei Bereichen Deines Lebens stehst, folgt die Frage, was Deine Ziele beim Lesen dieses Buches sind. Wünschst Du Dir insgesamt mehr Entspannung? Möchtest Du mehr Ruhe oder Abenteuer in Dein Privatleben bringen? Mit dem Leben insgesamt besser zurechtkommen? Mach Dir klar, was Du Dir wünschst, und schreib Dir drei Punkte dazu auf. Was soll Gutes für Dich herauskommen, wenn Du mit diesem Buch arbeitest?

Falls Du mit Deinem Job, Deinem Leben oder Deiner persönlichen Entwicklung im Moment überhaupt nicht zufrieden oder sogar todunglücklich bist, empfehle ich Dir, mit dem für Dich passenden meiner ersten drei Bücher zu arbeiten oder Dir sogar mal ein Coaching zu gönnen (Infos dazu findest Du hinten im Buch).

Wie Du am besten mit diesem Buch arbeitest

Dieses Buch ist ein Selbstcoaching-Buch, also ein Arbeitsbuch, das – wie der Name schon sagt – mit Arbeit verbunden ist. Wenn Du es nur liest und dann zur Seite legst, hast Du sicher ein paar neue Erkenntnisse gewonnen – das ist ja schon mal was. Aber wenn Du einen Teil oder sogar alle Ideen, Inspirationen, Tipps und Techniken ausprobierst und für Dich nutzt, kannst Du für Dein Leben und Deine Seelenruhe enorm davon profitieren. Um es auf den Punkt zu bringen: *Wenn Du nicht nur liest, sondern auch handelst, wirst Du Dein Leben wirklich und nachhaltig wesentlich verbessern. Versprochen!*

Im ersten Teil des Buches findest Du sieben Ideen und Anleitungen, um in Deinem aktuellen Job glücklicher und entspannter zu werden. Im zweiten Teil bekommst Du sieben Impulse für alles andere, das Dir in Deinem Leben wichtig ist. Und im dritten Teil gibt es sieben Inspirationen mit ganz konkreten Coaching-Techniken und Empfehlungen, um besser mit persönlichen Herausforderungen umgehen zu können und Dich selbst im innersten Kern zu stärken.

Alle Ansätze sind langjährig in der Praxis erprobt. Sollte trotzdem irgendetwas nicht für Dich passen, lies einfach drüber hinweg. Nutze nur, was sich für Dich richtig anfühlt. Aber probiere auch ruhig mal etwas aus, was Dir auf den ersten Blick komisch vorkommt.

Wenn Du es eilig hast (Hamsterradalarm?), kannst Du das Buch natürlich querlesen und Dir dann die Rosinen herauspicken. Ich empfehle allerdings, es Dir lieber in kleinen Häppchen vorzunehmen und die Anregungen tatsächlich umzusetzen, bevor Du weiterliest. Fang dabei ruhig mit dem Teil an (also Job, Leben oder persönliche Entwicklung), wo es bei Dir im Moment am meisten hakt. Dort wirst Du den größten Effekt erreichen und dadurch Motivation bekommen, auch den Rest anzugehen.

Setz Dich aber um Himmels willen nicht unter Zeitdruck, sonst machst Du Dir ja nur zusätzlich Stress. Wenn etwas nicht beim ersten Mal klappt, probiere es einfach irgendwann später nochmal aus. Manche Ansätze mögen Dir im Moment noch so fremd sein, dass es ein paar Anläufe braucht, bis es Klick macht. Wenn Du aber einmal erlebt hast, wie wohltuend ein neuer Blick auf ein Thema oder einen Menschen sein kann, wirst Du – genau wie viele meiner Kunden und auch ich selbst – vermutlich mehr davon wollen.

Den Blick auf das Gute richten

Sag einfach »Okay«

Dein Job

Weg mit den großen Brocken

Go with the flow

Sag einfach »Okay«

Je nachdem, welche Punktzahl Du beim Seelenruhig-Test für Deinen Job hattest, bist Du mehr oder weniger zufrieden damit. Die Arbeit macht meistens Spaß oder tut zumindest nicht weh. Manchmal denkst Du vielleicht, es könnte spannender sein oder besser laufen. Womöglich konntest Du Dich schon ein paar Mal beweisen oder vielleicht hast Du sogar das Glück, Dich in Deinem Beruf ganz verwirklichen zu können und hast Deine Berufung darin gefunden.

Ein Beruf ist jede auf Dauer angelegte Tätigkeit zur Bestreitung Deines Lebensunterhalts – gleichgültig, ob Du das, was Du da tust, auch gelernt hast, ob Du es wirklich kannst und ob Du es gerne tust. Über »Berufung« hingegen sagt das Lexikon, sie sei »der Ruf Gottes an einen Menschen zur Erfüllung ihm bestimmter Aufgaben«.

Deine Berufung ist der (berufliche) Ausdruck dessen, was in diesem Leben besser zu Dir passt als zu jedem anderen Menschen auf diesem Planeten.

Deine Berufung zu leben, bedeutet, den für Dich idealen Beruf unter den für Dich idealen Lebensumständen und Rahmenbedingungen auszuüben.

Deine Berufung musst Du übrigens nicht zwangsläufig in einem einzigen Job finden. Du kannst sie auf unterschiedliche Jobs verteilen, haupt- oder auch nebenberuflich oder in einem Hobby ausleben. Da wir alle die meiste Zeit unseres Lebens allerdings im Job verbringen, hat der im Idealfall möglichst viel mit der Berufung zu tun.

Ich gehe hier also davon aus, dass Du, was Deinen Job angeht, auf einem ganz guten Level bist und Dich dort einigermaßen wohlfühlst. Doch losgelöst davon, wo Du in Bezug auf Deinen Job, Deinen Beruf und Deine Berufung tatsächlich gerade stehst, der erste Schritt für ein seelenruhiges und glücklicheres Leben ist, das zu akzeptieren, was jetzt, hier und heute gerade Deine Realität ist.

Dein Job ist prima, aber Du arbeitest zu viel. Okay.

Du lebst Deine Berufung, aber der Kollegin von nebenan könntest Du jeden Morgen an die Gurgel gehen. Okay.

Du hast Dir Dein Berufsleben ursprünglich mal ganz anders vorgestellt und bist Lichtjahre von Deinen früheren Plänen entfernt. Okay.

Egal, was es ist, es ist okay. Jetzt, hier und heute. Denn ob es Dir so gefällt oder nicht, es ist im Augenblick, in dieser Sekunde nicht zu ändern. Außer in Deiner eigenen Wahrnehmung. Zu akzeptieren, was ist, versetzt Dich in die Lage, aus einer entspannteren Perspektive heraus auf Dich selbst und die Situation zu schauen. Damit meine ich übrigens nicht die buddhistische

Haltung, alles und jeden immer zu akzeptieren (obwohl das natürlich sehr gesund wäre). Du darfst die Dinge und Situationen weiterhin total blöd finden, solange Du sie trotzdem innerlich mit einem »Na gut, dann ist es eben jetzt so« versehen kannst. Ob Du willst oder nicht, es ist, wie es ist.

Angenommen, Du willst mit Deinem Partner in den Urlaub fahren. Ihr habt Euch eine tolle Reise ausgesucht, rechtzeitig gebucht und auch schon bezahlt. Nun bittet Dich Dein Chef, den Urlaub zu verschieben und Dich um das aktuelle Projekt zu kümmern, das in der heißen Phase ist. Dein Kollege ist nämlich krank geworden. Du hast nicht wirklich die Wahl. Das Projekt ist wichtig, außer Dir ist keiner da, der einspringen könnte, und dass der Kollege krank geworden ist, ist eben höhere Gewalt. Du wirst also Deinen Urlaub verschieben. Oder Dein Partner wird am Ende sogar allein fahren oder einen Freund mitnehmen. Was passiert, wenn Du Dich darüber aufregst? Du wirst trotzdem Deine Pläne ändern müssen. Am ausgefallenen oder verschobenen Urlaub ändert das nichts.

Was passiert, passiert, und es bringt niemandem Gutes, sich immer wieder darüber zu beklagen und zu ärgern. Das gilt für Deine unfreiwillig geänderten Urlaubspläne genauso wie für Ereignisse in Deiner Vergangenheit. Solange Du mit dem beschäftigt bist, was in Deinem Leben geschehen ist und dabei denkst »Wenn doch nur meine Eltern …«, »Hätte mein Mann/meine Frau doch nicht …«, »Ach, hätte ich mich doch anders entschieden …«, solange hältst Du an dem fest, was war, und kannst Dich nicht dem zuwenden, was sein kann.

Du wirst natürlich nicht laut Hurra schreien und alles gut finden, was in Deinem Leben bereits geschehen ist oder Dir noch passieren wird. Nur musst Du Dich nicht mehr darum im Kreis drehen oder daran abarbeiten. Das gilt für Deine Vergangenheit und für Deine Gegenwart. Nimm das Leben, wie es jetzt gerade ist. Akzeptiere, dass Du unglücklich bist, weil Dein Urlaub ins Wasser fällt, weil Du Deine Träume bisher nicht wahr gemacht hast, weil Deine Partnerschaft eine Katastrophe ist oder weil Dein Chef so unfähig ist, dass Du ihn am liebsten auf den Mond schicken würdest. Das heißt ja nicht, dass Du nicht noch versuchen kannst, das Timing fürs Projekt mit dem Auftraggeber zu verlängern oder eine andere Lösung zu finden, um doch noch den Urlaub anzutreten. Es heißt, dass Du nicht im Widerstand mit der Situation bist, wie sie jetzt eben ist. Das ist nämlich furchtbar anstrengend. Der wichtigste Schritt, um etwas zu verändern, das Dir nicht passt, ist es im Hier und Jetzt vollständig zu akzeptieren.

2. Inspiration

Den Blick auf das Gute richten

Zuerst darfst Du Dir jetzt mal selbst auf die Schulter klopfen und dankbar dafür sein, dass Du überhaupt einen Job hast. Das ist ja nicht selbstverständlich. Du hast viel dafür getan, dass es so ist. Du hast eine Ausbildung oder ein Studium absolviert oder Dich irgendwie anders für Deine aktuelle Tätigkeit qualifiziert. Du hast die Stelle entdeckt, Dich beworben, vermutlich ein oder zwei oder sogar mehr Gespräche mit Deinem zukünftigen Boss geführt und hast am Ende überzeugt und den Job bekommen. Da kannst Du schon mal den Hut vor Dir selbst ziehen, wenn Du Dir das bewusst machst.

Und falls Du wie ich zu den etwa 10 Prozent Selbstständigen in Deutschland gehörst, klopf Dir auch auf die Schulter. Vielleicht noch ein paar Mal mehr, denn Du gehörst zu den mutigen Unternehmern, die ohne Fallschirm und doppelten Boden eine Menge bewegen.

Das Gute ist, Du hast einen Job.

Doch in jedem Job, ob er nun Deine Berufung oder nur ganz okay ist, gibt es Tätigkeiten, die Dir gut tun, und solche, die Dich Kraft kosten. Egal, ob Du sie nur ab und zu, vielleicht sogar nur einmal im Jahr oder auch regelmäßig tust.

Tu, was Du liebst, und Du musst nie wieder arbeiten, heißt es. Aber das ist romantischer Unsinn. In jedem Beruf, in jedem Job und eben auch in der Berufung, gibt es Tätigkeiten, die man nicht so gerne macht, und Zeiten, die nicht so leicht sind und sich dadurch wie Arbeit anfühlen. Das ist vollkommen normal. Phasen, in denen es nicht so gut läuft oder in denen mal wieder Zweifel aufkommen, gehören zum Leben einfach dazu.

Um herauszufinden, welche Tätigkeiten oder Situationen in Deinem aktuellen Job Dir gut tun und welche Dich Kraft kosten, braucht es im ersten Schritt ein bisschen Fleißarbeit. Ja, ich weiß! Du hast sowieso schon zu viel zu tun. Aber ich versichere Dir, der Aufwand lohnt sich. Am Ende kannst Du nämlich sehr genau unterscheiden, wovon Du am besten noch mehr machst und was Du um Himmels willen so schnell wie möglich loswerden beziehungsweise verändern solltest.

DEIN TÄGLICHES BROT

Um einen Überblick zu bekommen, schreib Dir als Erstes auf, was Du an jedem Tag in der Woche von morgens bis abends in Deinem aktuellen Job machst. Geh alles durch, was Du tust und schreib es Dir auf.

Für Montag zum Beispiel:
- E-Mails checken
- Die wichtigsten E-Mails gleich bearbeiten

- → Kurze Kaffeepause
- → Meeting
- → Telefontermin mit Kunden
- → Ablage
- → Mittagspause mit Kollegin
- → Aufgaben aus Projekt X bearbeiten
- → Abstimmung mit Kollegen
- → Kaffee im Stehen
- → Die restlichen E-Mails bearbeiten
- → Telefonate
- → Feierabend

Das machst Du für die gesamte Woche (wobei Du die Dinge, die sich wiederholen, nicht noch mal aufschreiben musst). Es kann helfen, wenn Du dazu Deinen Tages-, Wochen- und Monatskalender zu Hilfe nimmst (ich gehe davon aus, dass Du so etwas hast, falls nicht, kann ich es Dir nur wärmstens empfehlen. Je klarer die Struktur, desto größer ist Deine Seelenruhe). Falls Du am Wochenende manchmal Arbeit mit nach Hause nimmst, schreibst Du das auch noch mit dazu. Denk auch an die Dinge, die nur ab und zu vorkommen, wie zum Beispiel die Teilnahme an einem Event oder eine Dienstreise, Fortbildungen oder Gespräche mit Deinem Chef.

Jetzt markierst Du alles, was Du von diesen Dingen gerne tust oder was Dir sogar richtig Spaß macht.

～♡

3 : 1 – Mehr vom Guten

»Go with the flow« bedeutet frei übersetzt: Fließe mit dem Strom. Doch viele Menschen tun in ihrem Leben genau das Gegenteil. Sie kämpfen gegen die Strömung an (im Kontext Job heißt das, sie tun, was ihnen nicht gut tut) und erschöpfen sich damit jeden Tag mehr. Wer ein seelenruhiges Leben haben möchte, tut gut daran, die Richtung seines persönlichen Lebensstroms dabei zu beachten und sich Tag für Tag entspannt diesem Strom hinzugeben. Das bedeutet nicht, dass man nicht auch mal hart arbeiten muss, aber es heißt, dass man liebt, was man tut. Und außerdem: In dem, was Du mit Begeisterung tust, wirst Du schnell immer besser. Gute Gefühle gibt es also noch gratis dazu.

Die Glücksforschung zeigt, dass es okay ist, ab und zu Dinge zu tun, die wir weniger gut finden, die uns stressen oder die wir ablehnen. Solange wir regel-

mäßig drei Mal mehr von den Dingen tun, die uns glücklich machen, die uns Spaß machen und die wir mit Begeisterung tun. Nach meiner Erfahrung darf die Quote auch ruhig noch mehr zugunsten der Highlights ausfallen, aber 3:1 ist ein guter Anfang.

Was bedeutet das jetzt für Dich? Die Dinge, die Dir Spaß machen, die machst Du natürlich unbedingt weiter. Möchtest Du mehr davon? Dann frage Dich: Wie kann ich in meinem Job noch mehr von X tun? Vielleicht hilft ein Gespräch mit Deinem Chef. Oder Du kannst Dich mit einer Kollegin absprechen, der Du etwas abnimmst und die dafür etwas für Dich tut, was Du nicht so gern magst. Falls Du im Moment noch nicht genau weißt, wie Du das anpacken sollst, findest du eine Anleitung dafür auf Seite 48 (Seelenruhig-Selbstcoaching).

৩

Weniger vom weniger Guten

Geh Deine Liste jetzt noch mal durch und markiere die Dinge, die Du im Job tust, die Dir aber keinen Spaß machen oder die Du sogar wirklich richtig schrecklich findest. Das kann die monatliche Umsatzsteuer sein, das Protokoll jeden Dienstag im Meeting, die halbjährliche Geschäftsreise ins Ausland oder der tägliche Abstimmungsanruf im Controlling.

Als Nächstes ordne diese Tätigkeiten auf einer Skala von eins bis zehn ein – eins ist »absolut furchtbar« und zehn »fantastisch« (wobei Letzteres bei den Dingen, die Du nicht gerne tust, natürlich unwahrscheinlich ist). Schreib es Dir bei allem, was Du nicht gerne tust, mit dazu. Je niedriger der Punktwert auf der Skala, desto energieraubender ist diese Tätigkeit für Dich und desto eher solltest Du hier etwas ändern.

Diesmal frage Dich:

→ Wie kann ich in meinem Job weniger von X tun?

→ An wen könnte ich das delegieren?

→ Mit wem könnte ich reden, um etwas an der Tätigkeit zu verändern?

Auch dabei hilft möglicherweise das Gespräch mit Deinem Chef oder ein Arrangement mit einer Kollegin. Oder die Anleitung auf Seite 48.

Falls Du Dir sehr viele Dinge markiert hast, die Teil Deines Jobs sind, die Du aber überhaupt nicht leiden kannst, dann prüfe nochmal, ob Du dort wirklich richtig bist. Auch wenn Du Deine Berufung lebst, gibt es Tätigkeiten oder Tage, die nicht so wundervoll sind oder auf die Du gar keine Lust hast. Aber die Summe aller Jobbestandteile stimmt. Wenn Du auf Dauer (viele) Dinge tust, die nicht zu Dir passen, kostet Dich das nach einer Weile sehr viel Lebenskraft. Und es entfernt Dich von Deiner Seelenruhe und nimmt Dir Lebensfreude und Glück. Darum, Dir selbst zuliebe: Tu mehr vom Guten und weniger vom Rest.

»When too perfect, lieber Gott böse«

In Dir, in mir und in jedem anderen Menschen wirken unbewusste Muster, die unser Denken, Fühlen und Verhalten steuern. Ein Teil dieser Lebensskriptmuster werden »Antreiber« genannt. Das Konzept der Antreiber stammt aus der Transaktionsanalyse. Das ist eine tiefenpsychologische Methode, die der Psychiater Eric Berne in den 1950er Jahren in den USA begründet hat. Der amerikanische Transaktionsanalytiker Taibi Kahler hat fünf Antreiber definiert, die als typisch für die Selbststeuerung von Menschen gelten und in jedem, also auch in Dir, mehr oder weniger stark wirken: Sei perfekt! Mach schnell! Streng Dich an! Mach es allen recht! Sei stark!

Diese inneren Antreiber entstehen durch die Erfahrungen in unserer frühen Kindheit und mit unseren ersten Bezugspersonen. Wer sich so verhält, wie die Eltern es erwarten, kann ziemlich sicher sein, mit Worten oder Aufmerksamkeit belohnt zu werden. So bekommen Kinder eine Art Leitplanken für das erwünschte Verhalten, die unbewusst tief verinnerlicht werden. Es gab zum Beispiel dann ein Lob oder Liebe, wenn das Zimmer besonders schnell oder schön aufgeräumt war, oder für eine Eins in der Mathearbeit.

Diese Antreiber, die in der Kindheit noch eine nützliche Überlebensstrategie sind, passen in den meisten Fällen für den Erwachsenen nicht mehr. Das, was wir durch unsere Eltern und unser Umfeld als »richtig« erlernt haben, ist aber so tief verinnerlicht, dass es von uns auch später nicht in Frage gestellt, sondern einfach weiter befolgt wird. Es fühlt sich wie ein Bestandteil von uns selbst an. Und das ist es auch, allerdings nicht unbedingt ein gesunder. Das Gute ist, wenn Du Deine inneren Antreiber kennst, bist Du ihnen nicht mehr hilflos ausgeliefert und wirst sie nicht mehr blind befolgen.

Wie alles im Leben haben auch die Antreiber mehrere Seiten. Wenn sie Dein Leben völlig beherrschen, verursachen sie Stress, strengen an und können – da niemand sie absolut und immer befolgen kann – Dich unglücklich machen. Andererseits ist jeder Antreiber auch eine innere Kraft, ohne die Du so manches in Deinem Leben nicht geschafft hättest. Die Antreiber geben Dir Sicherheit, aber gleichzeitig engen sie Dein Verhalten ein und machen Dich unflexibel. Doch allein dadurch, dass Du Dir Deiner Antreiber bewusst wirst, kann sich bereits etwas in Dir verändern.

↻

DEINE INNEREN ANTREIBER

Um Deine Antreiber kennenzulernen, kannst Du hier gleich die Beschreibungen dazu lesen. Doch bevor Du das tust, sammele Dich einen Moment und atme ein paar Mal tief durch, bis Du bei Dir angekommen bist. Dann lies Dir die fünf Antreiber durch und spüre in Dich hinein, bei welchen

Du Resonanz bekommst. Welche also möglicherweise ganz besonders auf Dich zutreffen.

Sei perfekt! »Ich verlange und erwarte Vollkommenheit von mir und von anderen.«

Menschen mit diesem Antreiber sind überzeugt, dass alles, was sie nach außen zeigen, bis ins kleinste Detail absolut fehlerlos sein muss. Das gilt für Arbeitsergebnisse, Verhalten, Aussehen und alles andere. Jeder Fehler muss unbedingt vermieden werden.

Mach schnell! »Ich muss alles schnell erledigen. Trödeln gibt's nicht.«

Diese Menschen sind ständig in Eile und fühlen sich gehetzt. Sie versuchen, alles möglichst schnell zu schaffen und sind erst befriedigt, wenn alles erledigt ist. Die hohe Geschwindigkeit soll das Gefühl vermitteln, alles unter Kontrolle zu haben. Pausen werden gar nicht oder zu wenig gemacht.

Streng Dich an! »Vor den Erfolg haben die Götter den Schweiß gesetzt. Ohne Fleiß kein Preis. Für den Erfolg muss ich hart arbeiten.«

Abends bis spät im Büro zu sitzen, ist für diese Menschen ganz normal. Die innere Überzeugung ist, dass nur das zählt, was mit Mühe und Anstrengung erreicht wird. Es wird in allen Bereichen viel Zeit investiert, um sich selbst zu beweisen, dass man hart gearbeitet hat.

Mach es allen recht! »Andere sind wichtiger als ich selbst. Hauptsache ist, dass ich gemocht werde. Konflikte meide ich, so gut es geht.«

Diese Menschen versuchen, mit Wort und Tat anderen zu gefallen. Sie geben alles, damit es den Menschen in ihrem Umfeld gutgeht und vergessen dabei sich selbst. Schlechte Stimmung ist nur schwer auszuhalten, Konflikte werden darum vermieden. Am schlimmsten ist das Gefühl, abgelehnt und ausgeschlossen zu werden.

Sei stark! »Ich muss ein Held sein und darf mir keine Blöße geben. Ein Indianer kennt keinen Schmerz. Die Zähne zusammenbeißen.«

Menschen mit diesem Antreiber machen auch unter größtem Druck lieber alles allein. Nach außen wird keine Schwäche gezeigt. Auch wenn es mal nicht funktioniert, diese Menschen lassen sich nichts anmerken und tun alles, um die Kontrolle zu behalten beziehungsweise wiederzuerlangen.

DER UMGANG MIT DEINEN ANTREIBERN

Hat Dich einer oder haben Dich sogar mehrere der Antreiber besonders angesprochen? Dadurch, dass Du weißt, dass es diese(n) Antreiber in Dir gibt, wird Dir jetzt auffallen, wenn Du zum Beispiel wieder mal zu hektisch wirst, weil Du zu schnell unterwegs bist, oder wie Du zum zehnten Mal die Präsentation durchgehst, die längst gut genug ist. Doch statt weiterzumachen wie bisher, kannst Du nun ganz bewusst den Fuß vom Gas nehmen, gut diesmal gut genug sein lassen und Dir erlauben, ein Päuschen zu machen.

Um herauszufinden, welche Wirkung ein Antreiber in Deinem Leben hat, kannst Du Dich selbst ein paar Tage dabei beobachten, was er mit Dir und Deiner Wahrnehmung macht. Hast Du beispielsweise »Sei perfekt« für Dich identifiziert, kannst Du Dich vermutlich nur zur Hälfte freuen, wenn Dein Mann Dir am Abend ein Drei-Gänge-Menü serviert, weil die Pausen zwischen den Gängen für Deinen Geschmack zu lang waren. Das wäre doch sicher besser gegangen! Oder die Kollegin hat einen tollen Entwurf gemacht und Dir zum Gegenlesen gegeben. Doch statt auf die vielen kreativen Ide-

Hier ein paar Vorschläge
für den Umgang mit Deinen Antreibern:

→ Statt »Sei perfekt« sag Dir selbst immer mal wieder: Ich darf auch Fehler machen. Aus Fehlern wird man klug. Gut ist meistens gut genug. Ich bin gut, so wie ich bin.

→ Statt »Mach schnell« mach Dir klar: Gut Ding will Weile haben. Im Müßiggang entstehen oft die besten Ideen. Nimm Dir die Zeit, die Du brauchst. Erlaube Dir, Pausen zu machen.

→ Statt »Streng Dich an« mach Dir bewusst: Das Leben war nie als Kampf gedacht. Du darfst es Dir auch mal gutgehen lassen. Das ist auch viel sympathischer. Dinge dürfen auch leichtgehen.

→ Statt »Mach es allen recht« frag Dich: Willst Du gut sein oder Du selbst? Allen kannst Du es sowieso nicht immer recht machen. Stärke Dein Selbstbewusstsein und sorge gut für Dich selbst. Übe Dich im »Nein«-Sagen und Grenzensetzen. Du wirst sehen, dass andere das mit der Zeit respektieren.

→ Statt »Sei stark« sei Dir bewusst, dass die größte Stärke oft die ist, auch mal schwach sein zu können. Lerne, Deine Wünsche und Bedürfnisse auszudrücken und bitte auch mal um Hilfe. Andere helfen gern!

en zu achten, siehst Du vor allem die zahlreichen Rechtschreibfehler und nimmst ihren Entwurf darum nicht wirklich ernst. So etwas Minderwertiges gibt man doch schließlich nicht aus der Hand!

Deine Antreiber zu kennen, macht es Dir möglich, an jeder Station Deines Lebens zu entscheiden, ob es jetzt und hier sinnvoll ist, dem jeweiligen Antreiber zu folgen. Ob er Dir noch Gutes bringt oder ob es Dir besser gehen würde, wenn Du ihn loslässt und einen entspannteren Umgang mit dem Thema für Dich findest (die nächste Inspiration wird Dir dabei helfen).

Schau Dir die Antreiber, auf die Du die meiste Resonanz hattest, noch einmal an.

→ Wie genau wirkt der jeweilige Antreiber in Deinem Leben?

→ Ist das nützlich? Oder sorgt es für Stress?

→ Wie könntest Du Dich stattdessen verhalten?

↺

GUT IST GUT GENUG

Die meisten Menschen sind übrigens keine Perfektionisten (haben also nicht den Antreiber »Sei perfekt!«), auch wenn es viele von sich behaupten. Stattdessen steckt fast immer der Antreiber »Streng Dich an« und/oder »Mach es allen recht« dahinter. Aber welcher Antreiber es auch ist, sinnvoll ist es nicht.

»When too perfect, lieber Gott böse«. Dieser Satz vom amerikanischen Künstler Nam June Paik trifft es sehr gut. Ökonomisch gesehen ist »Perfekt-sein« totaler Unfug (wenn Du nicht gerade in der Gefäßchirurgie arbeitest, dort ist es nämlich ganz nützlich). Vielleicht hast Du schon einmal vom sogenannten Pareto-Prinzip gehört – manchmal wird es auch 80/20-Regel genannt. Es besagt, dass in den meisten Fällen mit 20 Prozent Aufwand, 80 Prozent eines Ziels erreicht werden. Oder anders gesagt, dass – was auch immer Du tust – gute Qualität bereits nach 20 Prozent Deiner investierten Zeit erreicht ist. Das heißt, dann ist es oft schon gut. Und das ist eben ganz oft gut genug.

Mach's Dir
selbst!

Vermutlich sind Dir beim Lesen bis hierher schon ein paar Sachen klar geworden. Vielleicht möchtest Du konkret etwas an Deiner aktuellen Arbeitssituation verbessern. Oder Du willst Dich weiterbilden und bist noch nicht sicher, in welche Richtung es gehen soll. Oder Du willst endlich die unschöne Situation mit dem Kollegen aus dem Nachbarbüro klären oder lernen, mit einem anstrengenden Antreiber besser zurechtzukommen.

Seelenruhige Menschen drehen sich nicht stunden-, tage- oder sogar jahrelang um ein Thema im Kreis, sondern packen es einfach an. Sie sehen Herausforderungen und Chancen statt Probleme und Gründe, warum es sowieso nicht funktioniert. Sie halten sich nicht mit Jammern auf, sondern holen die Kuh vom Eis. Sie gehen lösungsorientiert an die Dinge heran. Doch wie gelingt es auch Dir, Deine Themen endlich in die Hand zu nehmen? Mit der richtigen Anleitung.

SEELENRUHIG-SELBSTCOACHING

Du kannst Dir die folgenden Fragen selber stellen. Oder Du kannst einen Freund oder einen Bekannten bitten, Dir die Fragen vorzulesen. Manchmal ist es einfacher, wenn man ein Gegenüber hat (das Du Dir, wenn Du es allein machst, auch einfach vorstellen kannst). Wichtig ist in dem Fall, dass Dein »Coach« nicht seinen eigenen Senf dazugibt, sondern ausschließlich die Fragen stellt und Dich in Ruhe antworten lässt, ohne das zu kommentieren. Wenn Du allein mit dem Seelenruhig-Selbstcoaching arbeitest, empfehle ich Dir, die Antworten auf die Fragen laut auszusprechen, noch besser schriftlich festzuhalten, denn dann kannst Du mit etwas Abstand noch einmal drauf schauen und weitere Ideen und Erkenntnisse ergänzen.

1. Um welches Thema geht es? (Schildere es in ein paar kurzen Sätzen.)

2. Wie zeigt sich das konkret in Deiner Arbeits- oder Lebenssituation? Wie wirkt es sich aus? (Beschreibe zwei bis drei Beispiele/Situationen mit ihren Auswirkungen sowie die damit verbundenen Gedanken und Gefühle.)

3. Was hast Du schon alles versucht, um das Thema anzugehen und zu lösen? Was noch? Was noch? (Du hast auf jeden Fall schon etwas probiert, und wenn Du nur darüber nachgedacht hast.)

4. Wie lange läuft das Thema schon? Ist es gerade erst aufgetaucht? Ist es zum ersten Mal in Deinem Leben? Oder ist Dir so etwas früher schon einmal ähnlich begegnet (vielleicht in einem andern Job oder mit einem anderen Menschen)?

5. Und eine ganz hypothetische Frage: Angenommen es gäbe so etwas wie einen »höheren Sinn« in diesem Thema, welcher könnte das sein? (Oft hat das mit Deiner persönlichen Entwicklung zu tun, zum Beispiel »Neinsagen« lernen, Selbstbewusstsein entwickeln, Konflikte bereinigen und so weiter.)

6. Angenommen, Dein Thema wäre plötzlich gelöst, woran würdest Du das merken? Woran noch? Woran noch? Was wäre dann anders? Was würdest Du dann tun oder lassen?

7. Was genau ist also Dein Ziel für dieses (Selbst-)Coaching?

8. Welche Möglichkeiten fallen Dir jetzt ganz spontan ein, um Dein Ziel zu erreichen/das Thema zu lösen? (Sammele so viele Ideen wie möglich, ruhig auch auf den ersten Blick unrealistische oder verrückte Einfälle.)

9. Was würdest Du einem anderen Menschen raten, der mit diesem Thema zu Dir kommt? (Dadurch schaust Du aus einer anderen Perspektive auf Deine Situation.)

10. Angenommen, Du könntest einen sehr weisen Menschen oder eine höhere Instanz um seine/ihre Meinung bitten, was würde er oder sie Dir wohl raten? (Hier schaust Du durch die Augen eines anderen, was meist sehr nützlich ist.)

11. Falls Du schon einmal eine ähnliche Herausforderung hattest, wie hast Du das damals gelöst? Wie kannst Du diese Lösung auf Deine heutige Situation übertragen? (Was in der Vergangenheit funktioniert hat, ist oft auch für Deine aktuelle Situation tauglich. Allein kommt man nur oft nicht darauf, sich daran zu erinnern.)

12. Bei was könntest Du Unterstützung benötigen? Wer konkret kann Dich unterstützen? Wie und wann genau? (Auch wenn es Dir schwerfällt, um Hilfe zu bitten, lohnt es sich häufig doch.)

13. Welche konkreten Schritte kannst Du also tun, um Dich in Richtung Lösung zu bewegen? (Dieser erste Schritt ist enorm wichtig, um wirklich etwas zu verändern!)

14. Was davon ist Dein erster Schritt? Bis wann hast Du ihn getan/ erreicht? (Trage das konkrete Datum in den Kalender ein und tu es dann auch!)

Es geht im Coaching meist nicht darum, auf die Schnelle eine perfekte und endgültige Lösung für eine Herausforderung zu finden, sondern darum, wieder handlungsfähig zu werden, um überhaupt irgendetwas Sinnvolles tun zu können.

Diese Anleitung eignet sich für sämtliche Themen, die Dir im Job begegnen, aber natürlich auch für alle persönlichen Situationen. Probiere es am besten jetzt gleich und sofort an einem aktuellen Thema aus, das Dich beschäftigt oder belastet. Und bei der nächsten Herausforderung wieder. Diese Fragen sind oft tatsächlich alles, was Du brauchst, um weiterzukommen. Darum – Dir selbst zuliebe – probiere es aus. Und wenn es Dir etwas bringt, behalte es bei. Lösungen zu finden, ist mit der richtigen Anleitung viel leichter, als Du denkst.

WELCHE HALTUNG DIR BEIM SELBSTCOACHING HILFT

Was Dir – neben den konkreten Fragen und Deinen Überlegungen und Antworten dazu – in schwierigen Situationen und auch bei der Beantwortung der Fragen hier im Seelenruhig-Selbstcoaching hilft, ist eine grundsätzlich positive Einstellung dem Leben gegenüber. Das bedeutet hier konkret, dass Du davon ausgehst, dass es schon irgendeine Lösung für Deine Situation geben wird. So zu denken, kann auf keinen Fall schaden, selbst wenn am Ende nichts Gutes dabei herauskommt (was ich nur äußerst selten erlebe).

Doch woher kommt die Sache mit dem halbvollen oder dem halbleeren Glas? Früher habe ich häufig Mütter mit ihren Kindern auf dem Spielplatz beobachtet. Dort zeigt sich ganz schnell, wer eher optimistisch eingestellt ist und wer nicht. »Pass auf, das ist zu hoch!«, »Fall da nicht runter, da kannst du dir wehtun!«, »Du bekommst das gleich gegen den Kopf, wenn du nicht aufpasst!«. So klingt die pessimistische Fraktion. Die optimistische sagt Sätze wie: »Super machst du das!«, »Das ist zwar sehr hoch, aber du kannst das!«, »Trau dich, das wird schon gutgehen!«. Auch wenn Du keine Kinder auf dem Spielplatz hast oder hattest, wo erkennst Du Dich eher wieder?

Optimistischen Menschen gelingt es, in allem, was geschieht, etwas Gutes zu sehen. Und sie vertrauen darauf, dass es am Ende schon irgendwie gut ausgehen wird (und falls nicht, ist es eben noch nicht das Ende). Unangenehme Situationen, Herausforderungen und auch Stress wird es immer geben, doch wer sich darüber ärgert, macht alles doppelt so groß. Es geht also um Deine Gefühle und die Macht Deiner Gedanken. Es geht darum, wie Du mit dem umgehst, was Dir begegnet, und dass Du das Vertrauen in eine gute Lösung hast. Eine hilfreiche Technik dafür hast Du jetzt an der Hand. Also, mach's Dir selbst.

Weg mit den großen Brocken

Es ist verführerisch, spontan den eigenen Wünschen nachzugeben oder als Erstes das zu tun, was am angenehmsten ist. Oft hat diese Vorgehensweise aber den Nebeneffekt, dass wichtige, aber nicht so einfache Aufgaben bis zum nächsten Tag oder bis zum Sankt-Nimmerleins-Tag liegen bleiben. Manches erledigt sich dann ja tatsächlich von selbst. Anderes wird durch das Aufschieben aber nur noch größer. Bis man es sich irgendwann gar nicht mehr zutraut. Nicht so gut, wenn man seinen Job machen muss.

Ein geflügeltes Wort aus dem Zeitmanagement ist, erst die großen Steine in den Eimer zu legen. Das heißt, als Erstes die Aufgaben zu planen, die den größten Aufwand erfordern (oder die Dir am größten vorkommen, weil Du Dich so vor ihnen scheust), und dann die kleineren Kieselchen, also die weniger aufwändigen Aufgaben später oder auch mal zwischendurch unterzubringen. Allerdings, wenn Du die großen Steine heben könntest, hättest Du es ja längst getan.

Große Steine erschlagen manchmal allein durch ihren Anblick, sodass man nur wie gelähmt davor stehen kann. Der Trick ist, sie kleiner zu machen, sie in überschaubare Häppchen zu zerlegen, sie dann anzugehen und wirklich bei der Sache zu bleiben. Eins nach dem anderen tun. Schluss mit Multitasking. Entscheide Dich, Dich auf diese eine Sache ganz einzulassen. Dich darauf zu konzentrieren, bis sie geschafft ist. Konzentrieren heißt, nicht zwischendurch mal schnell die E-Mails zu checken oder einen Anruf zu machen. Nein: bei der Sache bleiben. Jede Aufgabe ist es wert, Deine ganze Aufmerksamkeit zu bekommen. Auch die unliebsamen. Und am Ende gönnst Du Dir eine schöne Belohnung.

Doch wie kannst Du es schaffen, etwas tatsächlich anzugehen, wenn es Dir schon beim Drandenken einen Schweißausbruch beschert oder tonnenschwer auf Deinen Schultern lastet? Genauso, wie Du einen hohen Berg besteigen würdest: Schritt für Schritt für Schritt.

～∾

SCHRITT FÜR SCHRITT

Je länger wir eine Aufgabe aufschieben, desto größer wird sie in unserer Wahrnehmung. Neben dem tatsächlichen Aufwand kommt durchs Aufschieben nämlich noch das schlechte Gewissen dazu. Irgendwann ist der Berg dann zu groß, um den ersten, entscheidenden Schritt noch zu machen. Mach deshalb den Berg und damit den Schritt einfach kleiner.

Denk an eine Aufgabe, die Du schon länger vor Dir herschiebst. Vielleicht ein Protokoll, das Du noch erstellen musst oder Deine überfällige Steuererklärung. Was ist der kleinstmögliche erste Schritt, den Du tun kannst, um Dich dieser Aufgabe zu nähern? Faustregel ist, dass dieser erste Mini-Schritt höchstens drei bis fünf Minuten dauern sollte. Im Fall des

Protokolls ist das vielleicht, die Datei in Deinem PC anzulegen. Bei der Steuererklärung könnte der erste Schritt sein, das aktuelle Steuerprogramm im Internet zu besorgen. Wenn Du den kleinstmöglichen Schritt für Dein Thema gefunden hast, dann überlege nicht mehr lange, wann Du ihn ausführen kannst, sondern mach ihn gleich. Sofort! Jetzt! Und dann mach den nächsten.

Vielleicht denkst Du jetzt: »Ja, aber die Aufgabe wird davon ja nicht kleiner. Ich bin dann immer noch Lichtjahre vom Gipfel entfernt.« Stimmt nicht. Du bist einen Schritt weiter. Wenn der erste Schritt getan ist, fragst Du Dich wieder, was der nächste kleinstmögliche Schritt ist. Oder die nächsten drei. Die gehst Du dann wieder und legst die nächsten kleinen Schritte fest. Wichtig ist, dass Du dabei konsequent bist und jeden Tag (oder auch dreimal am Tag oder so oft, wie Du eben willst) den nächsten Schritt tatsächlich gehst. Das Gute ist, Du hast nach kurzer Zeit das Gefühl, voranzukommen und fühlst Dich dem Berg weniger ausgeliefert. Früher oder später erreichst Du so den Punkt, an dem Du motiviert bist, die Sache abzuschließen, und von selbst mehr kleine oder sogar größere Schritte gehst, bis Du es geschafft hast. Und das fühlt sich für Dich dann richtig gut an. Versprochen.

Entscheiden – Kleine Schritte finden – Tun

→ Entscheide Dich dafür, dass Thema X jetzt absolute Priorität hat.

→ Brich es in so kleine Aufgaben herunter, dass Du sicher bist, dass Du sie bewältigen wirst.

→ Finde einen (zeitnahen) Termin, an dem Du Dir genug Zeit dafür einplanst.

→ Schaufele Dir die Zeit dafür frei.

→ Löse Dich von allen anderen Verpflichtungen in dieser Zeit.

→ Sorge dafür, dass Du absolut ungestört arbeiten kannst.

→ Belohne Dich auch für die kleinen Schritte, so oft es Dir gut tut (egal, ob alle 15 Minuten oder einmal in der Woche).

→ Bleib dran und halte durch, auch wenn es schwerfällt.

→ Halte durch!

→ Halte durch!

→ Schau stolz wie Oskar auf Dein Ergebnis.

→ Und gönne Dir eine richtig schöne Belohnung.

Go with the flow

Bestimmt hast Du schon den Begriff »Flow« gehört. Der wurde geprägt vom Psychologen Mihály Csíkszentmihályi (Eselsbrücke zum Aussprechen »chick sent me high«), der viele Jahre erforscht hat, in welchem Bereich Menschen »optimale Erfahrungen« machen. Oder anders gesagt, welche Momente das Gefühl geben, lebendig und ganz im Fluss des Lebens zu sein. Flow ist das Gefühl, das Menschen erleben, wenn sie ganz in einer Tätigkeit aufgehen, wenn alles stimmig ist. Es ist die Fähigkeit, sich selbst glücklich zu machen, indem man das tut, was zur eigenen Seele passt.

DAS IDEALE ANSPRUCHSNIVEAU

Es gibt eine Spanne, in der jeder Mensch besonders gut und motiviert arbeitet. Das ist das ideale Anspruchsniveau. Das bedeutet, die Aufgaben, die zu bewältigen sind, sind nicht zu groß, aber auch nicht zu klein. Sie motivieren, aber sie überfordern nicht. Denn bei Überforderung ist es wie mit den Kirschen in Nachbars Garten. Die sind sowieso sauer. Da braucht man erst gar nicht zu versuchen, heranzukommen. Und wenn man etwas zu leicht erreichen kann, fehlt der Reiz der Selbstbelohnung. Das hätte ja jeder geschafft.

Was muss eine Aufgabe haben, damit sie anspruchsvoll, also sexy genug ist, aber auch nicht zu leicht? Du musst dabei das Gefühl haben, die Aufgabe aus eigener Kraft bewältigen zu können. Selbstwirksamkeit nennt sich das in der Psychologie. Es ist das Gefühl, das eigene Leben selbst in der Hand zu haben. Selbstwirksam fühlt man sich, wenn man aus eigener Kraft etwas bewirken kann und sich seiner Stärken und Fähigkeiten bewusst ist. Dazu gehört auch, sich selbst zu vertrauen und sich immer weiter zu entwickeln, um auch neuen Herausforderungen gewachsen zu sein. Es geht um ein gesundes Selbstbewusstsein, durch das man sich zutraut, das Leben zu meistern.

Im Job sind wir umso glücklicher (und damit umso seelenruhiger), wenn wir genau das tun, was am besten zu unseren Talenten und Fähigkeiten passt. Zusätzlich geht es uns dann am besten, wenn wir uns immer wieder ein bisschen (oder auch mal mehr) selbst herausfordern und die Komfortzone (zumindest für einen winzigen Schritt) verlassen. Denn Flow erlebt, wer in kleinen Schritten jeden Tag ein bisschen mehr über sich selbst und seine Komfortzone hinauswächst.

Ein paar Anregungen dazu:

→ Was hast Du heute Neues ausprobiert? Oder falls nicht heute, was könntest Du morgen Neues ausprobieren?

→ Was hast Du heute gelernt?

→ Wofür kannst Du Dich im Job heute selbst loben? Was hast Du besonders gut gemacht?

→ Was ist an manchen Tagen besser als an anderen und warum?

→ Welcher Herausforderung kannst Du Dich heute/morgen/diese Woche in Deinem Job stellen?

→ Worauf freust Du Dich am Anfang der Woche in Deinem Job am meisten, und wie könntest Du noch mehr daraus machen?

→ Was würdest Du in Deinem Job tun, wenn Du keine Angst hättest?

→ Was waren in der letzten Woche oder im letzten Monat die drei schönsten Momente in Deinem Job, und was verrät Dir das über Dein ideales Anspruchsniveau?

DEINEN SEELENRUHIG-ARBEITSRHYTHMUS FINDEN

So wie es ein ideales Anspruchsniveau der Tätigkeit gibt, gibt es über den Tag verteilt auch ideale Zeiten, um die Aufgaben zu bewältigen, die wir uns vorgenommen haben. Wenn Du Dir einmal einen Plan erstellst, wann Du was am besten erledigen kannst, und Dich daran hältst, kannst Du viel Energie gewinnen, was wiederum Deinem Seelenruhig-Level sehr gut tun wird.

Ich habe für mich gelernt, dass ich eine wunderbare Planungs- und Reflexionszeit morgens zwischen sieben und neun habe. Das hat sich für mich fantastisch bewährt. Meine kreative Zeit habe ich erst gegen Mittag, sodass ich den restlichen Vormittag gut für die normale Büroarbeit nutzen kann. Am Nachmittag ist für mich die beste Zeit, um mit meinen Kunden zu telefonieren, denn da ist meine kreative Schreibenergie aufgebraucht, aber es ist eine gute Zeit, um Vorgespräche zu führen und Fragen zu beantworten.

→ Was ist für Dich die beste Zeit, um die Dinge zu tun, die Du tun willst (oder im Moment noch tun musst)? Geh noch einmal Deine Arbeitstage durch und schau Dir an, was Du wann machst.

→ Wie leicht fällt Dir die jeweilige Tätigkeit zu genau diesem Zeitpunkt?

→ Ist es wirklich gut, morgens als Erstes die E-Mails zu lesen und zu bearbeiten?

→ Oder könnte es für Dich besser passen, erst eine Stunde konzentriert an einem Thema zu arbeiten, weil Dir das in der Zeit morgens besonders leichtfällt?

→ Was ist für Dich überhaupt die beste Zeit, um zu arbeiten? Könnte es nützlich sein, eine Stunde früher zu beginnen?

Manchmal ist auch die Dauer, die man mit einem Thema verbringt, nicht ideal. Manche Tätigkeiten kann man einfach nicht länger als eine gewisse Zeit machen, ohne dabei zu ermüden. Oder es kommen andere Dinge dazwischen, sodass man immer wieder abgelenkt wird. Dann halte es einfach mit diesem Spruch: Wenn das Leben Dir Zitronen schenkt, mach Limonade daraus.

Work hard – play hard

Jeder weiß, dass es grundsätzlich eine gute Idee ist, Pausen zu machen. Und doch verdrängen wir diese Tatsache und verplanen neben dem Job regelmäßig auch unsere freien Abende und Wochenenden. Wer keinen Stress hat, kann ja schließlich auch nicht erfolgreich sein. Aber jeder – auch Du – braucht mindestens einen freien Tag in der Woche, an dem er spontan tun und lassen kann, wonach ihm der Sinn steht. Einen Tag ohne Pläne, ohne To-do-Listen und ohne feste Termine. Außer vielleicht die mit sich selbst.

Auf Anspannung muss Entspannung folgen, auch wenn Du grundsätzlich gerne tust, was Du tust. Zwar brauchst Du weniger Erholung, wenn Du am richtigen Platz bist, Deine Arbeit als sinnvoll erlebst und Deinen Job grundsätzlich im Griff hast, aber auch Du brauchst neben Phasen des intensiven Arbeitens auch Phasen der Ruhe. Damit meine ich übrigens nicht den Jahresurlaub, der Forschern zufolge sowieso maßlos überschätzt wird. Tägliche oder wenigstens wöchentliche »kleine Fluchten« bringen uns viel mehr. Und nur so kannst Du aus dem Hamsterrad des hektischen Alltags entkommen und den Blick fürs Wesentliche wiederfinden.

Ein freier Tag pro Woche

Wenn Du die ganze Woche am Computer arbeitest, dann lass einen Tag lang alle elektronischen Geräte aus (oder schau zumindest in Deinem Smartphone nicht dauernd nach Deinen E-Mails). Wenn Du körperlich arbeitest, gönne Dir einen Tag in der Woche auf der Couch. Arbeitest Du mit Menschen, dann erlaube Dir einen menschenfreien Tag.

Sicherheitshalber noch einmal: Was auch immer Du tust und egal, wie gerne Du es tust, auch Du brauchst ab und zu einen Tag nur für Dich. »Ja aber, mein Mann, die Kinder, meine Eltern, mein Hund, mein Meerschweinchen …« Okay, es mag Dinge geben, die müssen trotz allem sein. Die Hunderunde darfst Du schon machen, es soll ja niemand unter dem »Tag für Dich selbst« leiden. Aber zum Beispiel könnte Dein Mann ja am Sonntag das Kochen übernehmen. Die Kinder können zu den Großeltern. Und für den Hund genügt auch ausnahmsweise mal eine kleine Runde.

Alle erfolgreichen Menschen, die ich bisher kennengelernt habe, wissen, wie man hart arbeitet. Und sie wissen auch, wie man das Leben feiert. Und damit meine ich nicht, dass Du es an Deinem freien Tag richtig krachen lassen sollst (was natürlich okay ist, falls Dir das Spaß macht). Ich meine, dass Du Dir einen Tag pro Woche nur für Dich gönnen sollst. Das muss nicht unbedingt am Wochenende sein. Falls Du Dir Deine Zeit frei einteilen kannst, weil Du selbstständig bist oder im Home-Office arbeitest, kann das jeder beliebige Tag in der Woche sein.

Wie wäre es immer dienstags mit einem Sauna-Tag, zusammen mit einem tollen Buch? Oder jeden Samstag ein ausgiebiges Schönheitsritual statt Hausputz. Der kann auch notfalls mal auf drei Tage aufgeteilt während der Woche stattfinden. Wichtig ist nur, dass Du an diesem Tag beziehungsweise in dieser Zeit die Finger von all dem lässt, was sonst den Großteil Deiner Arbeitszeit ausmacht. Probiere das mal drei Monate oder wenigstens drei Wochen lang aus. Wenn es Dir nicht gut tut, kannst Du es ja wieder lassen.

→ Wann könnte ein guter Wochentag für Dich selbst sein?

→ Was kannst Du tun, um Dich immer wieder daran zu erinnern?

→ Wie kannst Du sicherstellen, dass Du es Dir wirklich erlaubst?

→ Wie kannst Du dafür sorgen, dass nichts »Wichtigeres« dazwischenkommt?

→ Wer kann Dich – falls nötig – dabei unterstützen, Deinen freien Tag durchzuhalten?

Der Blick zurück muss gar nicht wehtun

Dein Leben

Werde Schatzsammler!

Wenn das Leben Dir Zitronen schenk

Etwas für andere tun

Extrem Self-Care

Rausgehen

Bevor Du den Löffel abgibst

nach Marmelade daraus

1. Inspiration

Der Blick zurück muss gar nicht wehtun

Dein Leben ist vermutlich insgesamt ganz okay. Es gibt Highlights und auch mal einen Tiefpunkt. Es könnte vielleicht ab und zu etwas bunter sein. Und mehr Zeit für Dich wäre womöglich auch ganz schön. Manchmal hast Du vielleicht auch das Gefühl, dass irgendetwas fehlt, weil alles mehr oder weniger dahinplätschert und viele Tage genauso sind wie die davor. Insgesamt kannst Du Dich aber nicht beklagen, wenn auch etwas mehr Lebendigkeit und Lebensfreude schön wären.

Es ist möglich, Dein Leben so erfüllt zu leben, dass Du jeden Tag als Geschenk empfindest. Das hat viel mit Deiner inneren Haltung zu tun (um die geht es im dritten Teil dieses Buches), viel aber auch mit dem, womit Du Dich täglich beschäftigst. Egal ob das Themen, Dinge oder Menschen sind. Je mehr das alles zu Dir passt, desto tiefenentspannter, lebendiger und glücklicher wirst Du Dich dabei fühlen. Damit Du am Ende Deines Lebens zurückblicken und dankbar sein kannst für das Leben, das Du gelebt hast. Statt traurig auf das schauen zu müssen, was Du Dir versagt hast.

WAS STERBENDE AM MEISTEN BEREUEN

Vielleicht hast Du von dem viel beachteten Buch von Bronnie Ware gehört. Sie hat als Sterbebegleiterin zahlreiche Menschen in den letzten Wochen ihres Lebens betreut und dabei erfahren, was diese Menschen am Ende ihrer Zeit hier auf der Erde am meisten bereut haben.

Was Sterbende mit dem Tod vor Augen am meisten bereuen ist,

→ nicht den Mut gehabt zu haben, das eigene Leben zu leben,

→ das Gefühl, zu viel gearbeitet und zu wenig gelebt zu haben,

→ ihre Gefühle geliebten Menschen gegenüber nicht oft genug ausgedrückt zu haben,

→ sich nicht genug Zeit für ihre Freunde genommen zu haben,

→ sich zu wenig Freude gegönnt zu haben.

Ich habe das hier in drei Bereiche zusammengefasst: Das eigene Leben leben. Mehr Lebensfreude. Zeit für Liebe, Familie und Freunde.

DAS EIGENE LEBEN LEBEN

In einem einzigen Augenblick kann das Leben, das Du kennst, für alle Zeit vorbei sein. Jeden Tag passiert irgendwo eine Katastrophe, die Menschenleben fordert. Viele berühmte Menschen sind in letzter Zeit auffallend jung gestorben. Haben sie ihr Leben gelebt? Es fällt vielen leichter, sie gehen zu lassen, wenn man das Gefühl dabei hat, sie haben etwas aus ihrem Leben gemacht.

Dass Menschen, die wir kennen, plötzlich nicht mehr sind, zeigt uns, wie zerbrechlich das Leben ist. Es bringt uns in Kontakt mit der Erkenntnis, was für ein Geschenk jeder Tag ist und wie wertvoll jeder Augenblick darin. Ganz sicher geht es nicht darum, das Leben nach den Regeln anderer zu leben. Spätestens in der Mitte Deines Lebens ist die Zeit gekommen, Dich von übernommenen Vorschriften, Verhaltensregeln, Normen, Glaubenssätzen und Verpflichtungen zu lösen und dem zuzuwenden und hinzugeben, das Deiner Seele und Deinen Bedürfnissen wirklich entspricht. Dafür braucht es Mut. Doch wer den aufbringt, dem schiebt sich der Weg beim Gehen unter die Füße.

MEHR LEBENSFREUDE

Wir bewegen uns vom Tag unserer Geburt an auf unser Ende, auf unseren physischen Tod zu. An dieser Tatsache ist nicht zu rütteln. Jeder weiß das, und doch verhalten wir uns oft, als hätten wir für alles alle Zeit dieser Welt, statt es uns jeden Tag so gut wie möglich gehen zu lassen.

Warum arbeiten wir so viel? Im Idealfall, weil wir unsere Berufung gefunden haben und sich Arbeit und Freizeit dadurch kaum noch trennen lassen. So geht es auch mir. Das ist okay, solange Muße und Genuss genug Raum bekommen und das Bedürfnis nach Abenteuer und Entwicklung befriedigt wird (was in meinem Job quasi von selbst geschieht, was für ein Luxus!). Die meisten Menschen arbeiten allerdings zu viel, weil sie selbst oder andere es von ihnen erwarten. Das ist ein ungesunder Antrieb, für den man eher früher als später den Preis zahlt.

Um Dir mehr Freude zu gönnen, musst Du natürlich als Erstes wissen, was Dir besonders viel Freude macht. Gefolgt von der Entscheidung, Dir für diese Freuden des Lebens Zeit zu nehmen und sie Dir auch zu erlauben. Das Leben war nie als Kampf gedacht, auch wenn es sich für viele Menschen im täglichen Einerlei oft so anfühlen mag. Doch das muss nicht so sein.

ZEIT FÜR LIEBE, FAMILIE UND FREUNDE

Lass uns davon ausgehen, Du liebst Deinen Partner, Deine Kinder, Deine Eltern. Vielleicht sogar Deine besten Freunde. Oder auch Menschen, die gar nichts davon wissen. Wann hast Du es ihnen ganz konkret das letzte Mal gesagt? Ich meine damit nicht das reflexartige »Ich liebe Dich« – »Ich Dich auch«, wobei das natürlich nicht schaden kann. Ich meine, dem anderen tief in die Augen zu schauen, für einen Moment die Zeit anzuhalten und ihm ganz bewusst und mit offenem Herzen zu sagen, was er oder sie Dir bedeutet. Was auch immer diese Vorstellung in Dir auslöst (ich hoffe, ein gutes Gefühl), mach Dir eine Liste mit Deinen wichtigen Menschen. Dann nimm Dein Herz in die Hand und rufe jeden Tag einen davon an (oder noch besser, triff Dich mit ihnen und sieh ihnen dabei in die Augen) und sag ihnen, was Du für sie fühlst. Die Uhr tickt, und man kann ja nie wissen.

Wer sich vor allem auf seine beruflichen Erfolge konzentriert, hat in den meisten Fällen am Ende des Tages nicht mehr genug Energie, um sich hingebungsvoll Familie und Freunden zu widmen. Viele Sterbende formulieren ganz konkret, dass sie gerne viel mehr Zeit mit ihren Lieben verbracht hätten, doch dass das Leben und die Arbeit immer dazwischenkamen.

Doch wer sind die Menschen in Deinem Leben, die Dir gut tun und mit denen Du so viel Zeit wie möglich verbringen willst? Und von welchen Menschen trennst Du Dich besser, weil sie Dir überhaupt nicht (mehr) gut tun?

Inspirationen für all diese Themen bekommst Du in den nächsten Kapiteln. Doch bevor Du weiterliest, mach Dir noch ein paar Gedanken zu den folgenden Fragen:

→ Wie möchtest Du Dich am Ende Deines Lebens fühlen? (Erfüllt? Erfolgreich? Bereit zu gehen?)

→ Auf was willst Du zurückblicken? (Ein glückliches Leben? Ein Haus? Eine Yacht?)

→ Was willst Du hinterlassen? (Geld? Ein Buch? Ein Unternehmen? Glückliche Enkel?)

→ Wie willst Du von Deinen Lieben Abschied nehmen? (Gar nicht? In Liebe? In Ruhe? Kurz und knackig?)

→ Und was kannst Du heute schon dafür tun, dass das alles so kommt? (Jeden Tag leben, als wäre es der letzte? Den Menschen um Dich sagen, wie sehr Du sie liebst?)

Wenn das Leben Dir Zitronen schenkt, mach Marmelade daraus

Das Leben ist zu kurz für Kompromisse. Oder anders gesagt, die Zeit, die wir haben, verbringen wir idealerweise mit den Tätigkeiten und Menschen, die wir lieben (oder die uns zumindest nicht wehtun). Das gilt für den Job (auch wenn man sich dort die Menschen, mit denen man zu tun hat, natürlich nicht immer aussuchen kann) und auch für den Rest des Lebens.

Im ersten Teil des Buches hast Du Dir bereits angeschaut, was Du in Deinem Job jeden Tag oder auch nur ab und zu machst und was davon Dir gut tut und was Du besser bleiben lässt. Das Gleiche kannst Du jetzt auch für Deine Zeit außerhalb vom Job, also für Dein Privatleben, tun.

Das Ziel ist, auch hier die Dinge zu erkennen, die Dir Energie rauben, und solche, die Dir Energie geben. Und natürlich geht es auch hier darum, mehr vom Guten und weniger vom Rest zu tun.

DEINE TÄGLICHEN AUFGABEN

Wenn Du Vollzeit arbeiten gehst, betrifft das die Zeit vor und nach der Arbeit und die Wochenenden. Nicht jeder tut in dieser Zeit automatisch das, was ihm gut tut. Im Gegenteil. Wir Menschen sind Gewohnheitstiere, die tun, was sie immer tun (weil das ökonomisch ist und Zeit und Energie spart). Aber wir ändern uns. Das Leben ändert sich. Die Rahmenbedingungen ändern sich. Vielleicht hast Du Dir früher jeden Morgen Zeit für Deine Schönheitspflege genommen. In Ruhe eincremen nach dem Duschen, ein hübsches Tages-Make-up auflegen, schicke Sachen anziehen. Oder abends in die Badewanne und mal eine Gurkenpackung fürs Gesicht. Das hat aufgehört, als die Kinder kamen oder als Du im Job mehr Einsatz bringen musstest, weil die Zeit knapp wurde, aber auch, weil Du andere Prioritäten gesetzt hast. Du hast nur gar nicht gemerkt, dass die Kinder inzwischen groß genug sind und der Job entspannter läuft. Eigentlich könntest Du jetzt wieder mehr für Dich tun. Aber Du bist so im täglichen Trott, dass Du schlichtweg gar nicht daran denkst.

Geh darum einmal alles durch, was Du in Deinem Leben außer Arbeiten noch machst. Schreib es Dir am besten auch auf, damit Du eine Übersicht bekommst. Was machst Du an jedem Tag der Woche vor Deinem Job und nach Deinem Job? Was machst Du am Wochenende? Wie verbringst Du Deine Urlaube? Was machst Du an zusätzlichen freien Tagen wie Feiertagen oder Brückentagen? Notiere Dir alle regelmäßigen Dinge, aber auch solche, die nur alle paar Wochen oder Monate vorkommen.

Ein paar Beispiele:

Morgens

Morgens um sechs
die Kinder wecken

Für die Schule fertig machen

Pausenbrote schmieren

Für den Job fertig machen

Kurze Runde mit dem Hund

Eine Runde Joggen

Selbst frühstücken

Mittags

In der Mittagspause schnell
einkaufen gehen

Die Eltern anrufen

Mit der Kollegin zum
Italiener

Abends

Kinder von der Betreuung
abholen

Abendessen kochen

Aufräumen

Küche putzen

Eltern noch mal anrufen

Wochenende

Einkaufen

Putzen

Aufräumen

Tanzen gehen

Seminar besuchen

Essen gehen

Kino, Theater, Museum

Freunde zum Essen einladen

Shoppen gehen

Fahrradtour

Mehrmals oder auch nur einmal im Jahr

Wochenendtrip

Eltern besuchen

Großes Familienfest machen

Den nächsten Geburtstag
planen

Geschenke für Familie und
Freunde besorgen

Jahresurlaub

Schulausflug begleiten

Elternbeiratssitzung

Freundin beim Umzug helfen

Steuererklärung

Als Nächstes gehst Du jetzt alle Tätigkeiten (egal wie oft Du sie tust) der Reihe nach durch und vergibst wieder Punkte auf der Skala von eins (ganz schrecklich) bis zehn (macht total Spaß).

Alles, was unter sieben Punkte auf der Skala bekommen hat, solltest Du Deiner Lebensfreude und Seelenruhe zuliebe ändern. Entweder, indem Du jemanden findest, der das für Dich übernimmt, oder, indem Du Dir die Tätigkeit selbst schmackhafter machst.

Das wöchentliche Putzen übernimmt zum Beispiel gerne jemand vom Fach. Das kostet nicht viel und spart enorm Energie. Muss ja nicht jede Woche sein, jede zweite reicht vermutlich auch und bleibt bezahlbar. Oder wenn Du weiter selbst putzen willst oder musst und keinen Partner hast, mit dem Du das teilen kannst, mach wenigstens Deine Lieblingsmusik dazu an oder mach ein Work-out daraus, indem Du schneller feudelst als sonst oder zwischendurch ein paar Kniebeugen einbaust. Du musst das alles ja nicht tun, Du willst es tun. Du könntest ja auch Deine Wohnung verkommen lassen, aber Du hast Dich dafür entschieden, sie sauber zu halten. Dann erlaube Dir dabei auch ein gutes Gefühl (es gibt eine Studie, in der Putzfrauen gesagt wurde, sie würden eigentlich ihre Muskeln trainieren und bekämen sogar noch Geld dafür, mit dem Effekt, dass die Glückshormone bei dieser Gruppe beim Putzen enorm angestiegen sind).

Oder nehmen wir die Steuererklärung. Ich höre immer wieder im Coaching, dass dieses Thema Menschen enorm belastet. Auch wenn es nur einmal im Jahr sein muss, quält der Gedanke daran viele das ganze Jahr. Dabei soll es doch tatsächlich Menschen geben, die gerne die Steuererklärung machen. Und die sogar anderen dabei helfen. Manche sogar, ohne Geld dafür zu wollen. Aus dem eigenen Freundeskreis. Und im Anschluss gibt es noch einen gemütlichen Abend am Kamin mit einem Gläschen Rotwein gratis dazu. Natürlich kannst Du Dich auch über das Geld motivieren, das Du nach Abgabe der Steuererklärung zurückbekommst. Damit (oder zumindest mit einem Teil davon) kannst Du Dir auch einen Wunsch erfüllen. Das macht es schon ein bisschen entspannter.

Die Kinder in die Schule zu fahren, macht Dich schon seit Jahren kirre. Aber es fährt auf der Strecke nun mal kein Bus. Vielleicht geht das anderen ja ebenso. Wie wäre es dann mit einer Fahrgemeinschaft? Oder Du machst Dir direkt nach Absetzen der Kinder jeden Morgen Deine Lieblingsmusik an. Oder gönnst Dir ein Hörbuch oder einen klugen Vortrag auf CD, für den Du sonst keine Zeit hast. Aus Zeit im Verkehr wird so Zeit für Dich selbst. So kann eine Tätigkeit mit einer Sechs auf der Skala es vielleicht auf eine Sieben schaffen. Wo das nicht gelingt oder die Tätigkeit es auf der Skala nicht mal bis zur Sechs geschafft hat, tu Dir selbst einen Gefallen und werde diese Tätigkeit los. Du hast im Moment noch keine Idee, wie Dir das gelingen könnte? Dann blättere noch mal zurück zur Seelenruhig-Selbstcoaching-Anleitung auf Seite 48 und geh die Fragen durch. Ich bin sicher, Du findest einen Weg.

Werde Schatzsammler!

Stell Dir vor, Du bist sagen wir mal 78 Jahre alt und schaust auf Dein Leben zurück. Welche Schätze hast Du im Verlauf Deines Lebens eingesammelt? Und damit meine ich natürlich keine materiellen Dinge, sondern Tage oder Momente, die etwas ganz Besonderes für Dich waren. Museumstage sind solche Tage, die – wenn wir am Ende unseres Lebens die wichtigsten Stationen in unserem ganzen persönlichen Museum abschreiten würden – auf jeden Fall einen Platz darin erhalten würden. Weil sie so besonders schön waren. Weil wir etwas Außergewöhnliches erlebt haben. Oder weil wir besonders gut für uns gesorgt haben.

Wer nicht täglich etwas tut oder erlebt, das ihm Freude macht, dessen Leben wird sich nicht wirklich lebendig und erfüllt anfühlen. Das müssen nicht immer die großen Highlights sein. Aber jeder Tag im Leben darf etwas Besonderes beinhalten. Sonst ist Dein Leben keine Fahrt mit der Achterbahn, sondern eher eine mit der Bimmelbahn.

Du kannst das erreichen, in dem Du beginnst, jeden Tag (oder erstmal jedem zweiten oder dritten oder nur einem in der Woche) ein Motto zu geben.

Das hält das Bewusstsein auf das gewählte Thema aufmerksam und erhöht allein dadurch schon die Qualität des Tages. Ein Motto könnte zum Beispiel Gesundheit sein. An diesem Tag könntest Du dann in die Sauna gehen oder ein langes Entspannungsbad nehmen. Dir etwas besonders Gesundes kochen oder ein Buch über Gesundheit lesen.

Wenn Dein Tag unter dem Motto Erfolg steht, kannst Du Dich bewusst Deinen Zielen zuwenden. Denen für die Woche, für den Monat, fürs Jahr oder auch für die nächsten fünf Jahre Deines Lebens.

Oder wie wäre es mit dem Motto Schönheit? Dann kaufst Du Dir einen besonders schönen Blumenstrauß oder gehst durch den Tag, indem Du auf Schönheit in allem, was Dir begegnet, achtest. Du kannst auch ein Museum besuchen oder den Botanischen Garten. Schon Goethe hat uns dazu ermuntert, jeden Tag wenigstens ein Lied zu hören, ein gutes Gedicht zu lesen oder ein Gemälde zu betrachten.

Aber wodurch wird ein Tag für Dich ein Museumstag? Wenn Du Dinge tust, die Dir besonders gut tun, die Dich glücklich machen, die Dir ein Gefühl von Lebendigkeit vermitteln, oder wenn Du Dir etwas gönnst. Und was ist das?

LEBENDIG FÜHLEN

Um Museumstage zu erleben, erinnere Dich als Erstes an die Zeiten in Deinem Leben, in denen Du Dich besonders lebendig gefühlt hast.

Ich fühle mich besonders lebendig, wenn ich etwas für mich Außergewöhnliches oder Neues lerne, wie Gleitschirmfliegen, Schlagzeugspielen oder Bootfahren. Wenn ich voller Elan an neue Projekte herangehe. Wenn ich ein Tierbaby sehe oder auf dem Arm habe. Oder im Freien mitten in einem richtig heftigen Sturm bin. Wenn ich etwas Abenteuerliches wage, wie Fallschirmspringen oder mit Mitte 40 einen kompletten Neustart auf einem alten Bauernhof auf dem Land. Und auch, wenn ich besondere Menschen kennenlerne und mich mit Ihnen intensiv austauschen kann.

→ Wobei hast Du Dich das letzte Mal wirklich lebendig gefühlt?

→ Mit wem hast Du Dich das letzte Mal wirklich lebendig gefühlt?

→ Wobei fühlst Du Dich grundsätzlich besonders lebendig?

EINLADUNG ZUM ABENTEUER »LEBEN«

Normalerweise bewegen wir uns die meiste Zeit in unserer Komfortzone. Wir haben Vorlieben für dies und Abneigungen gegen das. Leider verallgemeinern wir diese Vorlieben und Abneigungen sehr schnell (»Mit französischer Literatur kann ich nichts anfangen«, »Jazz mag ich nicht«, »Achterbahnfahren ist nichts für mich«). Das tun wir, weil es uns Ruhe und Sicherheit gibt. Doch darunter leidet logischerweise die Lebendigkeit. Wie

wäre es, wenn Du Dir für einen Tag, eine Woche oder sogar einen Monat (oder jede andere Zeitdauer, die Dir gut tut) vornimmst, einfach mal »Ja« zu sagen zu allem, was Dir andere vorschlagen? Das heißt, Du hältst Dich mit Deinen (vorschnellen) Urteilen zurück, bis Du die Erfahrung tatsächlich gemacht hast. »Hast Du Lust, mit auf die Ausstellung dieses neuen Künstlers zu gehen?« Klar! »Möchtest Du am Wochenende eine Fahrradtour machen?« Natürlich! »Möchtest Du heute Abend mit mir in dieses neue exotische Restaurant essen gehen?« Aber sicher! Nicht alles, was Du dann erlebst, wird super aufregend sein. Aber zumindest blickst Du damit garantiert über Deinen Tellerrand. Das allein macht Dein Leben automatisch lebendiger. Wenn Du Dir erlaubst, etwas Neues, Aufregendes zu erleben, wird das Leben Dich mit mehr Lebensfreude belohnen.

Diese Übung im »Jasagen« ist übrigens eine wunderbare Vorbereitung, um eines Tages völlig verrückte Dinge zu wagen, die Mut erfordern, Dich dafür aber richtig vom Hocker reißen.

THEORIE UND PRAXIS

Um jetzt nicht nur Listen zu erstellen, was Dir gut tun würde, sondern die Dinge auch tatsächlich umzusetzen, hilft es, Dir regelmäßige Termine dafür einzuplanen oder sogar Rituale, also wiederkehrende Handlungen, daraus zu machen. Zum Beispiel so:

→ Wenn Du gerne ins Theater gehst, buche ein Theater-Abo, damit Du Dich auch wirklich dazu aufraffst.

→ Triff Dich immer am gleichen Tag alle ein, zwei, drei oder vier Wochen mit einer Freundin, damit der Termin auf jeden Fall klappt.

→ Probiere jeden ersten Sonntag im Monat ein neues Rezept aus.

→ Führe einmal pro Woche einen Hund aus dem Tierheim aus.

→ Geh jeden Dienstagabend in die Sauna/zum Sport/ins Kino.

→ Statt einen Tag unter ein Motto zu stellen, könnte es auch mal eine Woche, ein Monat oder ein ganzes Jahr sein …

Welche Ideen hast Du jetzt gefunden, um aus möglichst vielen Deiner Tage Museumstage zu machen? Und wann wirst Du diese Ideen konkret umsetzen? Such Dir drei davon aus und trag sie Dir gleich in Deinen Kalender ein. Oder schreib Deiner Freundin eine E-Mail. Oder ruf beim Tierheim an. Du weißt doch: »Was Du heute kannst besorgen …« Leg los!

Bevor Du den Löffel abgibst

Es geht im Leben (unter anderem) darum, Dein volles Potenzial zu leben, damit Du das Besondere, das Du Dir und der Welt zu geben hast, nicht ungenutzt wieder mit ins Grab nimmst. Es geht also um Dinge, die Du tun »musst«, damit sich Dein Leben für Dich gelohnt hat. Du erkennst sie daran, dass sie Dir keine Ruhe lassen, sondern immer mal wieder in Gedanken oder Tagträumen aufblitzen. Das eigene Café, den Deko-Laden aufmachen, ein Buch schreiben, eine Weile in New York leben, mit dem Fahrrad einmal quer durch Kanada. Was auch immer es ist, was Dir keine Ruhe lässt, Deine Sehnsucht danach ist eine wiederkehrende Erinnerung daran, warum Du auf dieser Welt bist.

Es geht dabei allerdings nicht darum, die Träume oder Wünsche Deiner Eltern, Deines Partners oder die übernommenen Träume der Gesellschaft zu erfüllen. Wie sollte das auch glücklich oder seelenruhig machen? Es geht darum, Dich von den Ausreden zu lösen und die Verantwortung für Dein eigenes Leben zu übernehmen.

»Ich würde ja gerne eine Weltreise machen, aber ich habe kein Geld«. Verkauf Dein Haus. Oder wenn es das für Dich nicht wert ist, dann mach Deinen Traum etwas kleiner, sodass er zu Deiner Haushaltskasse passt. Das heißt nicht, zu Hause zu bleiben. Sondern vielleicht auf die Reise zu sparen oder in Hostels statt in Fünf-Sterne-Hotels einzukehren. Oder die Reise nicht am Stück, sondern scheibchenweise wahr zu machen (was sowieso viel glücklicher macht, sagt die Forschung).

»Ich würde mich gerne selbstständig machen, aber ich muss doch meinen Kindern die Uni finanzieren«. Deinen Kindern tut es vielleicht wohler, wenn Du ihnen vormachst, wie ein freies Leben geht, indem Du Deine Träume lebst. Das Studium können sie sich im Zweifel auch selbst finanzieren. Oder es findet sich eine andere Geldquelle. Oder sie studieren eben etwas länger.

»Ich würde gerne eine schöne Reise machen, aber ich muss mich um meine alten Eltern kümmern«. Okay, daran ist nicht zu rütteln. Oder doch? Vielleicht freuen sich Deine Eltern sogar, wenn sie mal einen Tapetenwechsel haben und in einer Kurzzeitpflege mit anderen Menschen zusammenkommen. Hast Du sie mal gefragt?

Ich kann Deine Empörung bis hierhin hören. Aber es ist, wie es ist: Deine Kinder sind erwachsen und Deine Eltern können vielleicht gut damit umgehen, dass Du mal eine Weile nicht da bist. Du selbst bist für Dein Glück verantwortlich. Darum gib Deine Träume nicht zu leichtfertig auf!

Deine Löffelliste

Auf die Löffelliste kommen all die Dinge, die Du unbedingt noch tun oder haben möchtest, bevor Du stirbst, also »den Löffel abgibst«. Da können auch kleinere Sachen draufstehen, es muss nicht immer existenziell sein.

Darf es aber natürlich, falls es noch den einen großen Traum gibt, den Du unbedingt verwirklichen willst, damit Dein Leben sich für Dich gelohnt hat.

Schreib Deine Löffelliste mit so vielen Punkten wie möglich. Du kannst das machen, wie ein Brainstorming, indem Du einfach alles aufschreibst, was Dir spontan einfällt. Oder auch systematisch, indem Du Dir jeden Lebensbereich einzeln vornimmst und Deine Gedanken in Ruhe dazu notierst.

Wenn Du für jeden Bereich Deines Lebens drei Wünsche frei hättest, welche wären das für

→ Deinen Beruf?

→ Deine Partnerschaft?

→ Deine Familie?

→ Deine Freundschaften?

→ Deinen Lebensmittelpunkt?

→ Deine Gesundheit?

→ Dein Engagement für andere/für die Gesellschaft?

→ Deinen Spaß im Leben und damit verbundene Abenteuer?

→ Deine persönliche Entwicklung?

Schreib alle Gedanken und Ideen dazu auf. Aus vielen kleinen Wünschen lassen sich wunderbar Hinweise auf das große Thema dahinter ableiten. So kann hinter dem Wunsch nach vielen Reisen zum Beispiel das Thema Abenteuer stecken. Oder aber auch der Wunsch, mit unterschiedlichsten

Kulturen zusammenzutreffen, um die Menschen der Welt mehr miteinander zu verbinden.

So könnte eine Löffelliste aussehen:

→ Noch mindestens drei Bücher schreiben

→ Hochzeitsreise nachholen

→ Gnadenhof gründen

→ Mit dem Schiff zum Nordkap fahren

→ Mit meinen Hunden im Hospiz arbeiten …

Ich mache diese Liste immer einmal im Jahr zum Jahreswechsel und leite daraus meine jeweiligen Jahresziele ab. Allein dafür lohnt es sich. Doch es lohnt sich für Dich vor allem, um Dich lebendig, glücklich und erfüllt zu fühlen. Damit Du am Ende Deines Lebens sagen kannst: »Ich habe wirklich gelebt!« Selbst wenn Du mit manchem scheitern solltest (was auch mir einige Male passiert ist), hast Du es wenigstens versucht.

Auf meiner Liste stand viele Jahre lang das Schlagzeugspielen. Schon als Teenager hat mich das in Bands am meisten fasziniert. Als das Thema drei Jahre lang auf meiner Löffelliste aufgetaucht ist, habe ich mir endlich einen Schlagzeuglehrer gesucht und spiele heute mit Begeisterung. Eine Kollegin hat vor kurzem mit dem Saxophon angefangen, eine andere mit Klarinette. Falls auch Du als Kind (oder auch als Erwachsener) einen Traum in Richtung Instrumentlernen hattest, packe es an! Das ist ein Baustein, der das Leuchten in Deine Augen zurückbringen kann!

Extrem
Self-Care

Die meisten von uns wurden in dem Glauben erzogen, dass es schlecht ist, egoistisch zu sein. Egoismus gilt vielen gar als Schimpfwort. Dabei bedeutet es einfach nur, das eigene Ich und die eigenen Wünsche in den Mittelpunkt zu stellen. Was soll daran falsch sein? Es bedeutet ja nicht, nur noch an sich zu denken. Aber eben auch.

Wenn wir egoistisch sind, kümmern wir uns um uns selbst. Was aus meiner Sicht absolut überlebenswichtig ist. Wenn Du Dir ab heute erlauben würdest, egoistisch zu sein, was würdest Du sofort an Deinem Leben ändern? Die Kinder nicht mehr zu jedem Event kutschieren und Dich stattdessen am Nachmittag mal ein Viertelstündchen auf die Couch legen? Die Socken des Liebsten, die regelmäßig neben dem Wäschekorb landen, einfach nicht mehr mitwaschen? Dir das teure Rennrad gönnen, weil Du genau weißt, dass es Deine Seele viele Jahre erfreuen wird und sein Geld darum wert ist?

Für jeden von uns geht es darum zu lernen, sich selbst an die erste Stelle des eigenen Lebens zu setzen (was den meisten meiner Kunden besonders schwerfällt, aber bei denen, die es schaffen, die größte positive Wirkung hat). Aber man muss sich doch um andere Menschen kümmern! Wo kämen wir denn da hin, wenn sich jeder nur um sich selbst dreht? Das sage ich ja auch gar nicht. Ich sage, Du kommst zuerst. Und wenn es Dir gutgeht, kannst Du Dich gerne – und viel besser! – auch um andere kümmern. Wenn jeder gut für sich sorgen würde und das täte, was gut für ihn ist, wäre diese Welt ein Paradies. Denn in einem glücklichen, zufriedenen, ausgeglichenen Menschen wächst ganz automatisch das Bedürfnis, sein Glück zu teilen.

Wenn Du beginnst, Dich selbst an die erste Stelle Deines Lebens zu setzen, kann es sein, dass Dich eine kleine nörgelnde Stimme in Deinem Inneren wieder davon abbringen will. Doch sobald Du anfängst, das auszuwählen und zu tun, was gut für Dich ist (und nicht in erster Linie für die anderen), wird diese Stimme zu Deinem Verbündeten, der Dir hilft, gesündere Entscheidungen zu treffen.

Nicht alles allein machen

Als ich meinen Mann kennenlernte, war ich seit zwanzig Jahren alleinerziehend und habe zwangsläufig alles selber gemacht. Eingekauft, den Garten gepflegt, die schweren Wasserkästen nach Hause getragen und die Lampen an der Decke montiert. War ja sonst keiner da, der das hätte machen können.

Heute gehe ich immer noch einkaufen, aber die schweren Wasserkästen holt jetzt mein Mann. Und er mäht auch den Rasen. Und schraubt die Lampen an. Er hat mehr Muckis als ich und außerdem tut er es gern. Warum soll ich mich weiter damit belasten? Dafür wasche ich heute schließlich seine Socken (und die Wäsche mache ich tatsächlich gern).

Was ich hier so selbstverständlich schreibe, war allerdings alles andere als das. Es hat Monate gebraucht, bis ich bereit war, mir helfen zu lassen. Ich war so stolz auf meine Unabhängigkeit, dass es mir schwerfiel, diese Aufgaben loszulassen.

Such Dir Helfer für Dinge, die Dir zu schwer sind. Nicht nur körperlich, sondern auch im Job und im Leben allgemein. Muss der Kuchen für den Geburtstag von Oma wirklich selbst gebacken sein oder tut es nicht auch der bereits erfolgreich erprobte vom Bäcker? Ist es wirklich nötig, dass Du selbst die Wasserkästen in den dritten Stock schleppst oder kann die auch für ein paar Euro mehr ein Lieferservice bringen? Du musst wirklich nicht alles allein machen.

DINGE ERLEDIGEN ODER LOSLASSEN

Jede ausgeführte Handlung kostet Energie. Das ist klar. Doch was Dir vielleicht nicht bewusst ist: Auch jede nicht ausgeführte Handlung kostet Energie! Die überfällige Steuererklärung, die auf dem Schreibtisch liegt und an die Du jedes Mal denkst, wenn Du vorbeiläufst, kostet Energie. Dein chaotischer Schreibtisch, den Du schon längst wieder durchsortieren wolltest, kostet Energie. Das Auto, das schon lange in die Inspektion müsste und Dich mit dem zuverlässig blinkenden Lämpchen immer wieder daran erinnert, kostet Energie. Unerledigte Handlungsabläufe nennt man das in der Psychologie. Das können natürlich auch größere Dinge sein, wie die Zahn-OP, die aus Angst immer wieder aufgeschoben wird. Die Sorge um die alten Eltern, verbunden mit der Frage, wie man sich um sie kümmern kann, wenn es eines Tages nötig wird.

Welche unerledigten Dinge oder Sorgen kosten Dich Kraft?

Hier ein paar Beispiele, die in meinen Coachings immer wieder auftauchen:

→ Unbeantwortete E-Mails, Briefe oder Anrufe

→ Ungelöste Konflikte mit Familie, Freunden, Kollegen

→ Dinge, die erledigt werden müssen (Autowerkstatt, Reinigung, Geräte, die repariert werden müssten, chaotischer Schreibtisch/Keller/Speicher, überfällige Steuererklärung)

→ Ausstehender Gesundheits-Check beim Arzt/Impfungen

→ Ungesunde Ernährung

→ Zu wenig Schlaf/Bewegung

→ Keine Übersicht über die Finanzen

→ Testament nicht auf dem neuesten Stand

→ Fehlender Lebenssinn

Diese Dinge anzugehen beziehungsweise zu einem guten Ende zu bringen, wird Dir eine Menge zusätzliche Energie geben und Dich – wenn die Schwelle hoch war – auch stolz machen, weil Du Dich endlich getraut oder es endlich erledigt hast.

Wie Du Dinge anpackst, die Du bisher vor Dir hergeschoben hast, habe ich Dir im ersten Teil des Buches bereits gezeigt (große Steine kleiner machen). Was Dir im Job hilft, funktioniert natürlich auch bei Deinen privaten Themen.

ᕯ

DIE MENSCHEN IN DEINEM LEBEN

Forscher sind sich einig: Unser Wohlbefinden und unser Glück hängen stark von guten Beziehungen zu anderen ab. Das Bedürfnis nach Bindung und Zugehörigkeit ist uns angeboren. Ein Neugeborenes kann ohne Menschen, die es liebevoll versorgen, nicht überleben. In dieser Zeit unseres Lebens entwickeln wir die Fähigkeit, uns anderen mit einem guten Gefühl anzuvertrauen (oder eben auch nicht). Doch selbst Menschen, denen es schwerfällt, enge Bindungen einzugehen, haben meist ein oder zwei feste Bezugspersonen im Leben.

Ich wünsche Dir, dass Dein Leben voll von Menschen ist, die Dich lieben und vorbehaltlos unterstützen. Dich in den Arm nehmen, wenn Du traurig bist. Dir geduldig zuhören, wenn Du etwas zu erzählen hast. Dir aber auch mal die harte Wahrheit ins Gesicht sagen, wenn es nötig ist. Kurzum: die Freud und Leid Deines Lebens mit Dir teilen.

Von diesen Menschen kann man (und auch Du) natürlich nie genug haben, wobei kaum jemand in der Lage ist, einen so engen Kontakt mit mehr als drei Menschen zu halten. Muss man ja aber auch nicht. Oft tut es auch einer. Der beste Freund oder die beste Freundin. Das kann natürlich auch der Partner oder jemand aus der Familie sein.

Wer sind die Menschen, die Dir besonders viel bedeuten?

Mach Dir eine Liste von den Menschen, die Dir wichtig sind. Familie, Freunde, vielleicht auch Bekannte, die noch nicht zu Deinem engsten Kreis gehören.

→ Wer von den Menschen auf Deiner Liste tut Dir besonders gut?

→ Woran liegt das?

→ Verbringst Du aus Deiner Sicht ausreichend Zeit mit ihm oder ihr?

→ Wie könnte es noch mehr Zeit werden?

→ Und wie kannst Du diesem Menschen zeigen, wie wichtig er Dir ist? Ein Anruf, eine Postkarte, ein Blumenstrauß per Internet, ohne Grund, ganz einfach so. Warum eigentlich nicht?

ENERGIERÄUBER RAUS!

Doch was ist mit den anderen Menschen in Deinem Leben? Denen, bei denen Du froh bist, wenn Du sie möglichst selten siehst oder wenn sie so bald wie möglich wieder gehen? Wie kannst Du mit ihnen umgehen?

Typische Energieräuber sind Menschen, die sich fortwährend über alles und jeden beklagen, aber nichts tun, um daran etwas zu ändern. Die Hilfsbedürftigen wenden sich regelmäßig mit der Bitte um Rat, Unterstützung oder was sie sonst gerade brauchen an andere, ohne es ihnen allerdings jemals zurückzuzahlen. Gespräche drehen sich meist ausschließlich um den armen Hilflosen. Und dann gibt es noch die Tratscher, die ständig über andere reden, und selten etwas Gutes. Bei ihnen ist es nur eine Frage der Zeit, bis sie auch über Dich reden. Zynische, sarkastische, negative oder herablassende Typen braucht definitiv kein Mensch.

Natürlich haben auch sie ihre Geschichte. Es wird einen Grund geben, warum sie sich so verhalten. Doch das können sie ja genauso ein paar Lichtjahre von Dir entfernt tun.

Wer sind die Energieräuber-Menschen in Deinem Leben?

Mach Dir jetzt als Erstes klar, was er oder sie in Deinem Leben zu suchen hat. Manchmal handelt es sich bei diesen Menschen um Kontakte aus der Kindheit, aus der Schule oder auch aus dem weiteren Bekanntenkreis – Kontakte also, die Du vielleicht aus Höflichkeit bisher fortgeführt hast, obwohl Du Dich schon länger damit nicht mehr wohlfühlst. Höchste Zeit, zu hinterfragen, ob diese »Freundschaft« noch zu Dir passt (natürlich können diese Menschen auch aus Deiner eigenen Familie stammen).

Wenn Du nicht sicher bist, kannst Du diese Fragen zu Hilfe nehmen:

→ Fühlst Du Dich von diesem Menschen akzeptiert und wertgeschätzt?
→ Geht er respektvoll mit Dir um, oder verurteilt er Dich oder wertet Dich oder Dein Verhalten ab?

→ Habt Ihr ein ausgewogenes Verhältnis von Geben und Nehmen?
→ Fühlst Du Dich voller Energie, wenn Du Zeit mit diesem Menschen verbringst, oder fühlst Du Dich eher erschöpft und ausgelaugt?

Ein Blick in den Spiegel kann an dieser Stelle auch nicht schaden: Wie geht es anderen Menschen, wenn sie mit Dir zusammen waren?

Sich von Menschen trennen, die Kraft kosten

Manchmal ist es für Dich selbst gesünder, den Kontakt zu Menschen zu beenden. Auch wenn Du Liebe oder Freundschaft für sie empfindest oder sie zu Deiner Familie gehören (wobei es in diesem Fall eine besondere Herausforderung darstellt, den Kontakt sein zu lassen, aber zumindest kannst Du ihn auf ein Minimum herunterfahren).

Ich hatte viele Jahre eine gute Freundin, die in einer unguten Beziehung gefangen war. Immer wenn wir uns sahen, klagte sie darüber, wie unglücklich sie sei, wie schlecht ihr Partner sie behandeln und wie gerne sie etwas ändern würde. Als Freundin redete ich mit Engelszungen auf sie ein. Als Coach bemühte ich mich, ihr mit Fragen zu helfen, um Lösungen zu finden. Doch die Gespräche drehten sich jahrelang im Kreis. Eines Tages wurde mir klar, dass ich nach unseren Treffen hinterher jedes Mal völlig erschlagen war. Die Freude, sie zu sehen, wurde weniger, weil ich ja wusste, wie schlecht es mir hinterher wieder gehen würde. Ich schlug ihr vor, entweder etwas zu ändern oder das Thema ihrer Beziehung bis auf weiteres bei unseren Treffen auszuklammern und uns wieder auf das gemeinsame Schöne zu konzentrieren. Leider konnte sie das nicht, und so war die einzige Lösung, den Kontakt an dieser Stelle aufzugeben.

Ob Du Dich von Menschen, die Dich Kraft kosten, ganz löst, den Kontakt stark einschränkst oder nur noch in Gesellschaft anderer mit ihnen zusammentriffst, in jedem Fall entscheidest Du, was Dir gut tut. Falls Du diesen Menschen begegnest, ob Du willst oder nicht (zum Beispiel im Job oder in der Familie), dann entscheidest trotzdem Du, was das absolute Maximum ist, was Du im Kontakt mit ihnen verträgst. Vielleicht ist dann jemand sauer auf Dich. Aber was soll's. Shit happens, things change, don't take it personally!

Etwas für andere tun

Du hast Dir weiter vorn bereits aufgeschrieben, was Du im Job tust und was Du privat machst. Vermutlich sind da schon ein paar Sachen dabei, die Du nicht für Dich (zumindest nicht nur für Dich), sondern für andere tust. Und was Du bereits für andere tust, ist mit Sicherheit mehr, als Du denkst.

Das können zum Beispiel solche Dinge sein:
Einkaufen, Wäsche machen, bügeln, Brötchen holen, Frühstück machen, die Betten machen, Deine Kinder versorgen, Dich um die Haustiere kümmern, Deine Freundin beim Liebeskummer trösten, Deiner Firma Deine Arbeitskraft zur Verfügung stellen, den Kunden im Job Deine Aufmerksamkeit schenken, dem Kollegen einen Kaffee mitbringen, Deine Eltern oder Kinder von A nach B fahren, Wohnung und Katze der Nachbarin im Urlaub hüten, die Hochzeit Deines besten Freundes organisieren, die Segeltour für Deine Clique planen, die Kinokarten für den nächsten Tag besorgen …

Du machst all das, ohne eine große Sache daraus zu machen. Das darfst Du Dir jetzt erstmal richtig klarmachen. Diese Dinge sind nicht selbstverständlich! Du tust sie, weil sie getan werden müssen. Und Du tust sie, ohne Theater darum zu machen. Doch vielleicht hast Du manchmal das Gefühl, Du müsstest noch mehr für andere tun. Es wäre noch nicht genug.

Wenn Du mehr tun willst, dann mach etwas, das Dich keine zusätzliche Kraft kostet. Wie wäre es zum Beispiel damit, mal einen ganzen Tag lang zu allen Menschen ausschließlich freundlich zu sein (ja, auch zu dem Griesgram aus dem Nachbarbüro)? Morgens aufstehen und zu allen nett sein. Die Nachbarn freundlich grüßen, jemandem die Tür aufhalten oder die Vorfahrt schenken, in der Bahn für jemand aufstehen und in allen Situationen, die Dir begegnen, gelassen und freundlich bleiben. Was passiert? Die anderen erwidern vielleicht Deine Freundlichkeit. Vielleicht auch nicht. Auf jeden Fall geht es Dir an diesem Tag besser und Du verbreitest gute Energie. Das kann ja niemandem schaden. Außerdem brauchst Du für ein Lächeln nur halb so viele Muskeln, wie für ein Stirnrunzeln. Und doppelt so viel Spaß macht es auch.

❧

Jedem sein Päckchen lassen

Wir wollen anderen gerne helfen, weil wir soziale Wesen sind. Doch wir können unserem Partner, unseren Kindern, unseren Eltern und unseren Freunden ihre Lernerfahrungen nicht abnehmen. Ich weiß, das ist leichter gesagt als getan. Oft würden wir uns gerne opfern, nur, damit es unseren Lieben besser geht. Doch jeder hat sein eigenes Päckchen zu tragen, und das dürfen wir ihm nicht wegnehmen. Was wir aber tun können, ist, andere so gut wie möglich liebevoll bei der Bewältigung ihrer Aufgaben zu unterstützen. Indem wir sie ermutigen und an ihre Stärke erinnern. Indem wir ihnen helfen, ihre innere Balance wiederzufinden. Indem wir sie in den Arm nehmen und für sie da sind, wenn sie Trost brauchen. Und indem wir darauf vertrauen, dass jeder nur die Aufgaben vom Leben gestellt bekommt, die er auch bewältigen kann.

DEIN GLÜCK STEIGERN UND DAVON ABGEBEN

Das Beste, was Du für andere tun kannst, ist übrigens, immer besser für Dich selbst zu sorgen und Deinen Seelenruhe- und Glückslevel zu steigern. Bekanntlich ist Glück ja das Einzige, das wächst, wenn man es teilt. Forscher haben herausgefunden, dass, wenn man im direkten Kontakt mit jemandem steht, der glücklich ist, die Wahrscheinlichkeit, selbst glücklich zu sein, um 15 Prozent erhöht ist. Lebt man mit einem glücklichen Menschen zusammen, sind es sogar 30 Prozent. Wer seelenruhig und glücklich ist, strahlt das auch aus. Ist freundlicher, ausgeglichener, offener und mitfühlender. Das wirkt sich auf die direkte Umgebung aus, die ihrerseits weiter nach außen wirkt. Wie eine ansteckende Spirale von Glück und Seelenruhe. Eine tolle Sache!

GRÖSSER ALS DU SELBST

Etwas für andere tust Du auch, wenn Du Dich einer Sache widmest, die größer ist als Du selbst. Voraussetzung ist natürlich, dass sie Dir Freude macht, ohne Dich zusätzliche Kraft zu kosten. Engagiere Dich bei den Pfadfindern. Sing in einem Chor. Ruf eine Selbsthilfegruppe ins Leben. Finde ein Ehrenamt. Halte Sterbenden die Hand. Sammele an jedem Wochenende Müll im Park auf. Trage etwas zum Wohl der Welt bei. Wenn Du etwas von Dir für etwas Größeres gibst, gibt das Leben Dir ganz viel zurück. Du wirst belohnt mit dem Gefühl von Verbundenheit, Sinn, Lebendigkeit und Zufriedenheit. Anderen Gutes zu tun, ist somit am Ende auch wieder gut für Dich selbst.

7. INSPIRATION
Raus-
gehen

Unserem Gehirn fällt es leichter, Unangenehmes wahrzunehmen als Schönes. Das hat uns zu Zeiten des Säbelzahntigers natürlich oft genug den Popo gerettet. Heute könnte es eigentlich andersherum sein, aber das müssen wir trainieren. Sehr gut für unsere Seelenruhe ist, all das Schöne, das uns begegnet und umgibt, ganz bewusst und mit allen Sinnen zu erleben und in uns aufzunehmen. Dadurch zählt es quasi doppelt und wiegt so manches schlimme Erlebnis und manch unangenehme Situation wieder auf.

Das Schöne wahrzunehmen, fällt vielen am leichtesten in der Natur. Wobei es oft die kurzen Momente sind, die eine lange, heilsame Wirkung haben. Vor einiger Zeit hat sich in unserem Garten ein Schmetterling auf meine Hand gesetzt und ist dort eine ganze Weile geblieben. Mir stand vor Staunen vermutlich der Mund offen, als ich ihn in aller Ruhe studieren und beobachten konnte. Die zarte Berührung auf meiner Haut. Die wunderschönen Farben in seinen Pfauenaugenflügeln. Das leise Surren, das von ihm ausging. Das war eine eindrückliche Erfahrung, die mich noch immer mit Freude durchflutet, wenn ich daran denke. Es hat sich intensiv in mein Bewusstsein und Erleben eingeprägt.

Jeder, der schon mal einen Waldspaziergang gemacht hat oder eine Stunde an einem menschenleeren Strand den Wellen gefolgt ist, weiß, dass es sich lohnt, hinauszugehen. Es macht den Kopf frei, hilft beim Auftanken, lenkt ab und bringt häufig auch die Lösung für ein lange gewälztes Problem in den dann freigepusteten Kopf. Die Natur bewusst wahrzunehmen, schenkt uns das Gefühl, Teil eines großen Ganzen zu sein, und hilft uns, Vertrauen ins Leben zu finden.

Wie war das, als Du klein warst? Warst Du eher ein Drinnen- oder eher ein Draußen-Kind? Die meisten Menschen waren eher Draußen-Kinder, sind aber heute fast immer drinnen. Klar, dass das der Seele auf Dauer nicht gut tut. Und am Wochenende mit verbissenem Blick und Pulskontrolle durch den Wald zu rasen, ändert daran auch nichts.

Was waren draußen die Lieblingsplätze Deiner Kindheit? Warum nicht mal wieder dort hingehen oder fahren? Lass Dich überraschen, was das heute mit Dir macht.

☙

INS GRÜNE

»Waldbaden« wird der gesundheitsfördernde Umgang mit Bäumen in Japan genannt. Wer sich zwanzig Minuten in einem Wald aufhält, wird physiologisch messbar entspannter. Der Anblick von grünen Blättern, das Rauschen der Bäume und der Geruch des Waldes relaxt unser Gehirn und macht es gleichzeitig kreativer. Es ist kein Wald in Deiner Nähe? Ein Park tut es notfalls auch. Allerdings solltest Du dann darauf achten, dass möglichst wenig Menschen darin unterwegs sind.

Der Blick ins Grüne wirkt übrigens auch aus dem Fenster heraus. Wenn Du die Möglichkeit hast, dann richte Deinen Bürostuhl so aus, dass Du direkt oder zumindest von der Seite hinausschauen kannst und tu das mindestens dreimal am Tag ganz bewusst, während Du gleichzeitig fünfmal tief und langsam ein- und ausatmest.

Gerade während ich diese Zeilen schreibe (natürlich mit Blick ins Grüne), sehe ich direkt vor dem Fenster ein wunderschönes, ausgewachsenes Reh, das zu mir hineinzuschauen scheint. Für einen Moment schaue ich zurück, und es ist, als ob Raum und Zeit sich auflösen und wir für diesen einen Augenblick eine innige Verbindung eingehen. Wieder ein Moment für das »Schönes«-Konto.

Ins Blaue

Um von der heilsamen Wirkung der Natur am besten profitieren zu können, ist es wichtig, einen Platz zu finden, an dem Du Dich unbeobachtet und sicher fühlst. Nur dann werden Deine Seele und Deine Gesundheit wirklich davon profitieren. Neben der guten Wirkung von Wald und Bäumen, gibt es auch die Kraft des Meeres und des Himmels, die Du für Dich nutzen kannst. Und die Du naturgemäß am besten im Freien erlebst.

Den sicheren Ort wirst Du dort vermutlich nicht im Hochsommer an einem Strand am Mittelmeer finden. Überhaupt haben Urlaubsreisen außerhalb der Hochsaison ihren Namen sehr viel mehr verdient. Warum nicht azyklisch in den Urlaub fahren? Im Herbst an die Ostsee, wenn kaum Menschen am Strand sind und der Wind Deine Gedanken freipustet. Im März auf die Mittelmeerinsel, wenn Du Hotel und Restaurant nur mit wenigen anderen Ruhesuchern teilen musst. Am Strand entlanglaufen, dem

Rauschen der Wellen und dem Klang des Meeres lauschen. Viel mehr braucht es nicht, um zur inneren Mitte zu finden.

Als Kinder spüren wir intuitiv, dass die Natur uns gut tut und dass wir ein Teil davon sind. Schon kleine Babys beobachten scheinbar

fasziniert die treibenden Wolken. Um die Weite des Himmels zu spüren, musst Du nicht mal irgendwo hinfahren. Du kannst Dich in den eigenen Garten legen, auf den bequemen Liegestuhl, ein Kissen unter dem Kopf und eine kuschelige Decke auf Deinem Schoß. Als Kinder haben wir im Gras gelegen und Wolkenbilder geschaut. Das tut Dir auch heute noch gut.

Ins Graue

Bevor ich bereit war, in den Norden, aufs platte Land zu ziehen, habe ich die meiste freie Zeit meines Lebens in den Bergen verbracht. Erst als Kind mit meinem Vater beim Wandern, später viele Jahre als Gleitschirmfliegerin mit dem Wind unter dem Segel. Die Berge – vor allem der schroffe Bereich, wo die Berge grau sind – gibt uns Menschen die so sehr benötigte Erdung. Von einer Anhöhe hinunter ins Tal zu blicken, lässt selbst große Lebensthemen für einen Moment ganz klein erscheinen. In den Bergen öffnet sich unser Blick für die unglaubliche Kraft der Natur, die unserem Blick mit voller Wucht begegnet. Unsere Seele kann auftanken, und wir können den Mut fassen, den Herausforderungen unseres Lebens kraftvoll zu begegnen.

Bewegung im Freien

Bewegung ist nachweislich einer der am besten funktionierenden Ansätze, um Depressionen und Angstzuständen vorzubeugen (oder auch zu behandeln). Wer sich bewegt, kommt in eine bessere Stimmung und kann meist auch besser schlafen. Dreißig Minuten am Stück oder auch über den Tag verteilt genügen dabei völlig. Vielleicht ist das ein Grund, warum viele Hundehalter oft so gut drauf sind. Sie bewegen sich schließlich bei Wind und Wetter regelmäßig und meist ohne zu murren. Da hat Bello doch glatt einen Zusatzknochen verdient.

Doch auch wenn Du keinen Hund hast oder Deine Katze nicht so gerne mit Dir Gassi geht, Du kannst einfach eine Station früher aus S-Bahn oder

Bus aussteigen, wenn Du zur Arbeit fährst oder irgendwohin unterwegs bist. Das Auto etwas weiter entfernt von Deinem Bestimmungsort parken. In der Mittagspause eine Runde durch den Park drehen. Oder beim Rasenmähen so richtig Gas geben. Das Wichtigste beim Bewegen ist allerdings, dass Du dabei auch wirklich draußen bist. Zehn Einheiten auf dem Stepper oder eine halbe Stunde auf dem Laufband straffen vielleicht Deine Muskeln, aber den Effekt für Deine Seele erreichst Du dadurch nicht.

KRAFTORTE

Hast Du schon mal einen der bekannten Kraftorte besucht? Stonehenge ist so ein Ort oder der Wallfahrtsort Lourdes. Viele alte Kirchen sind an Kraftorten erbaut.

Kraftorte gibt es überall auf der Welt. Sie haben eine beruhigende und stärkende Wirkung auf unsere Psyche. Im Internet findest Du viele Informationen dazu. Vielleicht ist so ein Ort ja auch in Deiner Nähe. Sie sehen oft unscheinbar aus, verströmen jedoch eine deutlich spürbare besondere Energie.

Oder Du planst mal einen Ausflug am Wochenende für den Besuch eines Kraftorts ein. Sieh es als ein Abenteuer. Lass Dich überraschen, ob und was genau Du dort dann fühlst. Auf jeden Fall kommst Du bei so einem Ausflug raus und in Bewegung.

Du kannst Dir aber auch Deinen eigenen Kraftort schaffen. Das ist ein Ort, dem Du selbst Bedeutung gibst und den Du durch Deine regelmäßigen Besuche mit Deiner Energie auflädst. Ein Ort, an dem Deine Gedanken zur Ruhe kommen können oder Deine Kreativität besonders sprudelt. Eine Bank an einem See. Eine Wiese mit Blick ins Tal. Ein Baum an einem Fluss.

Oder eine ruhige Ecke im Park. Was könnte ein guter Fleck für Deinen persönlichen Kraftort sein?

Umgekehrt gibt es auch Orte, an denen wir uns extrem unbehaglich und unwohl fühlen. In einigen Wohnungen, in bestimmten Unternehmen oder an manchen öffentlichen Plätzen. Diese Orte solltest Du natürlich möglichst meiden.

Es ist nie zu spät

Danke, lieber Arschengel!

Tanksteller

Deine
persönliche
Entwicklung

Weniger stressen, besser leben

»Hallo Beauty!« stat

ine glückliche Kindheit gehabt zu haben

Du musst jetzt ganz stark sein ...

Für die Seele

Wer wird denn gleich in die Luft gehen?

»Wer ist denn das da im Spiegel?«

Es ist nie zu spät, eine glückliche Kindheit gehabt zu haben

»Meine Mutter hat mich nie geliebt, deswegen bin ich heute nicht bindungs-fähig.« »Mein Vater wollte lieber einen Sohn, darum konnte ich als Mädchen keinen Selbstwert entwickeln.« »Meine Eltern waren nie für mich da, die waren immer in der Firma, darum arbeite ich heute selbst so viel und kann nie ab-schalten.« Im Coaching erlebe ich sehr häufig, dass meine Kunden sich um Fragen aus ihrer Kindheit drehen. Diese Liste könnte ich endlos fortsetzen. Wobei eine glückliche Kindheit kein Garant für ein gelingendes Leben ist. Und eine unglücklich verbrachte Zeit nicht automatisch zu einem erfolglo-sen Leben führt. Aber wie sind wir so geworden, wie wir sind? Wie bist Du so geworden? Dabei hilft als Erklärung das Zwiebelmodell. Das ist ein tiefen-psychologisches Modell, das ich entwickelt habe, um mit einfachen Worten einen ziemlich komplexen Sachverhalt zu erklären. Zwiebelmodell heißt es, weil unsere Erfahrungen sich im Laufe unseres Lebens wie Zwiebelschich-ten um unseren wahren Kern legen. Aber auch, weil beim Zwiebelschälen – und bei der persönlichen Entwicklung – manchmal Tränen fließen.

WIE DU GEWORDEN BIST, WAS DU HEUTE BIST

Ich gehe davon aus, dass Du – genau wie ich und alle anderen Menschen – hier auf dieser Welt bist, um Deine Berufung zu finden, Deine Träume zu leben und den Weg Deiner Seele zu gehen. Du kommst dafür mit ganz besonderen Anlagen und Talenten zur Welt, um idealerweise das Beste daraus zu machen. Es kommt nur eine winzige Kleinigkeit dazwischen (denn sonst würden wir das ja alle ganz einfach tun und nicht so ein Theater darum machen): Gene, Erziehung und Erfahrung.

Stell Dir einen Menschen für einen Moment als eine Zwiebel vor. Das Innerste der Zwiebel, das ist Deine Seele, Dein Wesenskern, mit all Deinen wundervollen Anlagen. Hier ist Dein gesamtes Potenzial zu Hause, das Du idealerweise in diesem Leben verwirklichen und ausdrücken wirst.

Die Forschung weiß heute, dass Du bereits als Embryo im Mutterleib alles gespürt hast, was um Dich herum geschah. Du bist geprägt davon, ob Deine Mutter entspannt war und eine gute Zeit hatte. Oder ob sie gestresst und ängstlich war. Wie Deine Geburt verlief, spielt auch eine Rolle, ebenso wie Deine ersten Lebensjahre und wie Deine Eltern und andere wichtige Bezugspersonen mit Dir umgegangen sind.

Besonders wichtig ist das, was Dir in den ersten fünf Lebensjahren an Gutem und weniger Gutem oder gar Dramatischem begegnet ist und wie Du es aufgrund Deiner ersten Prägungen erlebt hast. Alle grundlegenden Dinge passieren hier ein erstes Mal. Es wird zum ersten Mal Liebe erfahren oder auch Ablehnung. Die ersten Erfahrungen mit Mutter- und Vaterfiguren werden gemacht. Ebenso die ersten guten oder weniger guten Erfahrungen mit anderen Kindern, alten Menschen, Tieren, der Natur, Erfolg und

Misserfolg, Freude, Schmerz und dem Umgang damit. Die ersten Erfahrungen mit dem gesamten Leben eben. Ich nenne diese ersten Erfahrungen »primäres Szenario«.

Mit jeder Erfahrung und jedem Lebensjahr legt sich um Deinen Wesenskern eine weitere Schicht. Machst Du gute Erfahrungen, bilden sich dünne Schichten mit guten, stärkenden Überzeugungen – dass die Welt ein schöner Ort ist, voller Liebe und Licht zum Beispiel. Machst Du weniger gute Erfahrungen, entstehen dickere Schichten zum Schutz, verbunden mit der inneren Überzeugung, dass es besser ist, niemandem zu vertrauen, oder dass diese Welt kein besonders schöner Ort und Dein Glas immer halb leer ist. Du wirst während Deiner Entwicklung also ein Mensch mit dünnen, durchlässigen Schichten, durch die Du Deinen Wesenskern noch gut spüren und Deine innere Stimme gut hören kannst, oder Du sammelst dicke Schutzschichten an, durch die Du Dich immer weiter von Deinem wahren Kern entfernt fühlst.

ↄ

Das primäre Szenario

Das primäre Szenario ist die Ur-Erfahrung von jeder möglichen Situation in Deinem Leben. Sie bestimmt den weiteren Umgang mit ähnlichen Themen. Jedes primäre Szenario wird sich in Deinem Leben wiederholen, weil Du unbewusst überzeugt davon bist, dass die Welt so ist, wie Du sie wahrnimmst. Dabei ist sie immer nur so, wie Du sie durch die Brille Deiner primären Szenarien siehst. Jeder Mensch hat darum einen ganz und gar individuellen Blick auf die Welt (die es genau betrachtet dann eigentlich gar nicht gibt, sondern unendlich viele verschiedene – aber das führt jetzt zu weit).

Aufgrund Deiner Erfahrungen erwartest Du zum Beispiel, ernst genommen zu werden und fühlst Dich stark und kompetent. Oder Du glaubst, dass Du es sowieso nicht kannst und dass das früher oder später auch jemand merken wird. Das steht dann unsichtbar auf Deiner Stirn geschrieben, das heißt, Du drückst es durch Deine Haltung und Dein Verhalten unbewusst aus. Mit der Konsequenz, dass irgendwann jemand Deine Knöpfe drückt. Deine Erwartungen und das Gesetz der Resonanz führen dann zur »Reinszenierung« Deiner primären Erfahrung.

Vielleicht hast Du es auch schon erlebt, dass sich bestimmte Themen in Deinem Leben wiederholen? Eben ist noch alles okay, doch dann bekommst Du einen neuen Chef vor die Nase gesetzt, der dich ständig mit Vorwürfen bombardiert. Du wechselst die Firma und es dauert nicht lange, bis auch dort Dein Chef mit Deiner Leistung nicht mehr zufrieden ist. Das primäre Szenario dahinter ist vermutlich die Ablehnung, die Du durch Deinen Vater erlebt hast und die Du mit Deinem Chef wiederholst, also »reinszenierst«. Doch was soll das Ganze? Das Leben liefert Dir die Ursprungserfahrungen aus der Kindheit erneut in einem neuen Gewand, damit Du Frieden mit der Vergangenheit schließt (und erkennst, dass Dein Chef nicht Dein Papa ist) und von Negativdenken und Angst auf Lebensfreude und Liebe umschalten kannst.

༄

DEINE KINDHEIT IST VORBEI!

Viele Menschen – darunter auch ich und vielleicht auch Du – hatten es in der Kindheit nicht leicht. Hatten keine idealen Rahmenbedingungen, die Eltern haben einen lieblos oder sogar brutal behandelt oder das Schicksal hat zugeschlagen, als man noch klein war. Doch das alles ist Vergangenheit. Es hat Dich zu dem Menschen gemacht, der Du heute bist. Das ist wundervoll, denn Du bist wundervoll! Du musst nur aufhören, Deinen Eltern oder Deiner miesen Kindheit die Schuld zu geben.

Das, was aus Dir geworden ist, hat viel mit den Prägungen aus Deiner Kindheit zu tun, doch das, was Du heute sein kannst, hängt einzig und allein von Dir selbst ab. Du entscheidest, ob Du weiter der Vergangenheit nachhängen und Deinen Eltern die Schuld für Dein Schicksal geben oder ob Du Dich ganz und gar für Deine Selbstverantwortung im Hier und Jetzt entscheiden willst. **Es ist nie zu spät, eine glückliche Kindheit gehabt zu haben.** Das heißt nicht, dass Du vergisst, was Du erlebt hast oder was Dir angetan wurde. Aber einzig Deine Bewertung der Vergangenheit jetzt, hier in der Gegenwart, entscheidet darüber, was Du heute bist.

Statt zu jammern, dass Du nicht genug geliebt wurdest, weil Du eigentlich ein Junge werden solltest, könntest Du den Blick darauf richten, wie stark es Dich gemacht hat. Und statt Deinen Eltern vorzuwerfen, wie sie Dich behandelt haben, könntest Du Dir klarmachen, dass sie ihr Bestes gegeben haben. Das Beste, was sie zu dieser Zeit eben geben konnten.

Deine (verfuschte, schlimme, traumatische, schreckliche, unmögliche, … hier bitte einsetzen, was Du darüber denkst) Kindheit hat Dich zu dem gemacht, der Du heute bist. Du hast einen Job, vielleicht einen Partner, Freunde, vermutlich eine Wohnung, ein Auto oder ein Fahrrad und noch allerlei andere Dinge (die Du eigentlich nicht brauchst, die Du Dir aber verdient hast). Du hast trotz dieser Kindheit etwas Großartiges aus Dir emacht! Sei stolz auf das, was Du bist! Und hör auf, anderen die Schuld zu geben für das, was Dir heute an Dir oder Deinem Leben womöglich nicht gefällt. Denn das kannst Du ändern.

»Hallo Beauty!« statt »Wer ist denn das da im Spiegel?«

Es gibt unzählige Wege, die Prägungen unserer Kindheit hinter uns zu lassen. Ein relativ leichter Weg besteht darin, genau hinzuhören, was Du tagtäglich über Dich sagst, und das immer bewusster in Richtung »liebevoll« zu verändern.

Wenn wir laut hören könnten, was wir selbst über uns – und andere über sich – innerlich sagen, kämen wir aus dem Grauen gar nicht mehr heraus. Ich muss, ich sollte, man muss, man sollte. Am besten ist: Glaub Dir selbst kein Wort!

Du bist wundervoll, wunderschön, unendlich strahlend und kraftvoll! Du bist es wert, erfolgreich und glücklich zu sein und wirst immer und aus tiefstem Herzen geliebt! Das gilt für jeden anderen, aber nicht für Dich? Doch, das gilt auch für Dich. So positiv Dir selbst gegenüber zu denken und zu empfinden, kannst Du lernen.

AUF DEINE SPRACHE ACHTEN

Nimm Dir einen Tag – wie wäre es gleich mit morgen? – und beobachte Dich vom Aufstehen bis zum Schlafengehen dabei, was Du über Dich selbst denkst und sagst. Wie sprichst Du mit Dir?

Sprichst Du in liebevollen Worten und Sätzen?

>**»Hey, guten Morgen, Love! Du siehst wieder toll aus!«**

>**»Das hast Du gut gemacht!«**

>**»Ich bin stolz auf Dich!«**

>**»Du bist klasse!«**

Oder klingt das eher so:

>**»Wer ist diese alte Frau/der alte Mann da im Spiegel?«**

>**»Was hast Du denn da schon wieder gemacht?«**

>**»Hättest Du nicht aufpassen können?«**

>**»Das geht doch noch viel besser!«**

Stopp! Würdest Du so mit Deinem Partner oder einer guten Freundin sprechen? Vermutlich nicht. Da hättest Du sicher eher ermutigende Worte, würdest sie auf ihr Potenzial hinweisen und alles tun, um ihnen verbal den Rücken zu stärken. Genau das tust Du idealerweise ab sofort auch für Dich selbst! Übrigens ist das für Deinen Kontakt zu anderen Menschen

ebenfalls hilfreich. Denn wie Du über Dich selbst denkst, so denken auch die anderen über Dich (gruselige Vorstellung, oder?). Liebst Du Dich selbst, dann strahlst Du Liebe aus. Was es Deiner Umgebung auf jeden Fall leichter macht, Dir ebenfalls Liebe entgegenzubringen. Lehnst Du Dich ab, strahlst Du auch das aus. Für andere ist es dann nicht leicht, durch diese Ablehnung hindurch zu Deinem liebenswerten Kern zu finden.

DIE WORTE ÄNDERN

Aus Deinen Gedanken werden Deine Worte. Und oft ist es leichter, die Worte zu ändern als die Gedanken. Die folgen dann irgendwann ganz von selbst. Also fang einfach mit den Worten an. Wenn Du Dich in nächster

Zeit dabei erwischst, so etwas zu sagen wie »Ich muss«, »Man sollte«, »Ich würde gerne«, »Ich kann nicht« oder »Dafür bin ich zu alt«, dann ändere die Worte Deines (Selbst-)Gesprächs!

Statt »Ich muss« – »Ich entscheide mich dafür«.

Statt »Ich würde gerne« – »Ich will und ich werde«.

Statt »Das kann ich nicht, das konnte ich noch nie« – »Das kann ich NOCH nicht, aber jeden Tag lerne ich ein kleines bisschen dazu«.

Statt »Das ist ein riesiges Problem« – »Das ist eine interessante Herausforderung«.

Statt »Mein Mann liebt mich nicht« – »Im Moment fällt es mir schwer, die Liebe meines Mannes zu fühlen«.

Statt »Ich muss dieses Wochenende die Steuererklärung fertig machen« – »Ich habe mich dafür entschieden, die Steuer dieses Wochenende fertig zu machen«.

Klar soweit? Indem Du sagst, dass Du etwas tun musst oder etwas nicht kannst, machst Du Dich selbst zum Opfer. Änderst Du Deine Worte, ändert sich mit der Zeit automatisch auch Deine innere Einstellung zu den Dingen. Und je weniger Du Dich als Opfer bezeichnest und fühlst, desto mehr Machergefühle wachsen in Dir. Und je mehr Machergefühle in Dir sind, desto seelenruhiger und glücklicher wird Dein Leben.

Wer wird denn gleich in die Luft gehen?

Dein Chef nervt. Dein Mann trifft auch nach zehn Jahren den Wäschekorb noch nicht und hat jeden Tag aufs Neue eine Zahnpastatubenzuschrauben-Amnesie. Dein kleiner Sohn hat auf dem Spielplatz das Nachbarsmädchen verhauen und wird zu keinem Kindergeburtstag mehr eingeladen. Dein Kumpel hat mal wieder im letzten Moment die gemeinsam geplante Radtour durchs Sauerland abgesagt, weil ihn Bungee-Jumping in Australien doch mehr reizt. Manchmal ist das Leben zum Aus-der-Haut-Fahren. Und tatsächlich ist genau das eine gute Idee.

Wenn es nicht die offene Zahnpastatube ist, sondern ein größeres, vielleicht sogar existenzielles Thema, dann kannst Du es mit dem Seelenruhig-Selbstcoaching aus dem ersten Teil des Buches angehen. Falls es aber um die täglichen Herausforderungen des Lebens geht, gibt es noch ein paar andere Möglichkeiten, damit entspannter umzugehen. Eine davon ist, sich in den anderen hineinzuversetzen, bildlich gesprochen in seine Haut oder seine Schuhe zu schlüpfen. Manchmal hilft es, die Dinge für eine kurze Zeit aus einer anderen Perspektive wahrzunehmen.

ॐ

GEFÜHLE FÜHLEN UND VERWANDELN

Es ist psychologisch gesehen weder sinnvoll, sich ewig über eine Sache aufzuregen (weil das Unmengen an Stresshormonen ausschüttet), noch ist es sinnvoll, alles in sich hineinzufressen und herunterzuschlucken. Die Diskrepanz zwischen erlebten und ausgedrückten Gefühlen ist eine heftige Belastung für Dein System und kann auf Dauer sogar krank machen. Also nicht gute Miene zum bösen Spiel machen, aber auch nicht jedes Mal auf die Palme gehen. Wie so oft geht es auch hier um die gesunde Mitte, um auf Dauer seelenruhig zu sein.

Doch was kann helfen, wenn Du Dich wieder mal über jemanden furchtbar geärgert hast? Ganz einfach: Dich in ihn hineinzuversetzen.

Das ist natürlich leichter gesagt als getan, wenn Du gerade auf hundertachtzig bist und wie das HB-Männchen oben an der Laterne hängst. Darum nutzt Du dafür eine Methode aus der Aufstellungsarbeit, die ich im Coaching sehr häufig einsetze, weil sie so gut funktioniert. Diese Übung gibt Dir die Möglichkeit, in die Schuhe des anderen zu schlüpfen und Dich und die Situation (auch) aus seinem Blickwinkel zu betrachten. Wie wirkst Du auf den anderen? Wie geht es ihm/ihr mit Dir? Was geht in ihm/ihr vor? Welche Reaktion löst Du in ihm oder ihr aus?

Du brauchst dafür etwas Zeit und zwei Stühle, die Du mit etwas Abstand nebeneinander, also in dieselbe Blickrichtung stellst. Der eine Stuhl ist Dein Stuhl. Der andere ist für die Person, mit der Du das bestimmte Thema hast. Vor den beiden Stühlen in der Mitte, sodass das Ganze ungefähr ein Dreieck ergibt, markierst Du Dir mit einem Blatt Papier auf dem Boden noch eine neutrale Position.

Du beginnst damit, Dich auf Deinen Stuhl zu setzen und an die Person/Situation zu denken. Fühl in Dich hinein. Wie geht es Dir damit? Klar, immer noch verärgert, aber was noch? Ist da auch Trauer? Unverstandensein? Etwas, das Du Dir vom anderen wünschst? Im Idealfall bist Du dabei allein und sprichst Deine Gedanken laut aus. Du darfst Dich im ersten Durchgang auch durchaus in Rage reden und rumschimpfen wie ein Rohrspatz, falls Dir danach ist.

Dann tritt kurz auf die neutrale Position und schüttele ein paar Mal die Hände aus. Was Du eben erlebt hast, dürfte Dir weitestgehend bereits bekannt gewesen sein.

Setz Dich dann auf den Platz der anderen Person und fühle Dich in sie ein. Wie geht es dieser Person im Moment ganz grundsätzlich? Wie geht es ihr mit Dir? Was denkt sie über Dich? Was fühlt sie? Was wünscht sie sich? Nimm Dir für diesen Teil so viel Zeit, wie Du brauchst. Es kann eine Weile dauern, sich mit Haut und Haar in einen anderen (dem man dazu auch gerade nicht grün ist) ganz neutral und offen hineinzuversetzen.

Wenn Du das Gefühl hast, alles erspürt zu haben, steh auf und geh auf die neutrale Position. Schüttele ein paar Mal die Hände aus, bis Du das Gefühl hast, wieder ganz Du selbst zu sein. Und dann schau von oben auf die beiden Stühle und lass Dir das Gesagte noch einmal durch den Kopf gehen. Was ist neu in Deiner Wahrnehmung? Was ist Dir über Dich selbst, was über den anderen klargeworden?

Vielleicht hast Du erkannt, dass die Socken Deines Mannes den Weg in den Wäschekorb nicht finden, weil es ihm wichtig ist, in zumindest einem Punkt seines Lebens nicht zu funktionieren. Und ihm ist gar nicht klar, dass das auf Deine Kosten geht. Oder dass Dein Kumpel, der das Bungee-Jumping in Australien der entspannten Radtour im Sauerland mit Dir vorzieht, in einer echten Lebenskrise steckt und gerade nicht Entspannung und Ruhe, sondern Abenteuer und Action braucht, um weiterzukommen.

Dann setz Dich noch ein zweites Mal auf Deinen Stuhl. Vermutlich wirst Du jetzt andere Gefühle erleben als beim ersten Mal. Sprich auch diesmal laut aus, was Du fühlst und wahrnimmst und geh dann wieder auf die neutrale Position. Was hat sich geändert, nun, wo Du weißt, wie es dem oder der anderen innerlich geht? Jetzt wirst Du in den meisten Fällen genug Einsicht gewonnen haben, um der Situation beziehungsweise der Person auch im echten Leben entspannter zu begegnen.

Du kannst das so oft machen, wie es Dir gut tut. Meist ist aber nach spätestens drei Durchgängen alles gesagt und gefühlt, was für den Moment weiterhilft. Sinn des Ganzen ist, ein Gefühl für die Bedürfnisse der anderen Seite zu bekommen. Selten geschehen Dinge, die wirklich gegen uns gerichtet sind. Aber oft nehmen wir sie persönlich. Sehr persönlich. Dabei geht es meistens gar nicht um uns.

Diese Methode kannst Du übrigens auch verwenden, um das nächste Gespräch mit Deiner Schwiegermutter oder Deinem Chef oder Deinen

Kindern vorzubereiten. Also immer dann, wenn Du etwas Heikles vor Dir hast, etwas, das Dir Angst macht oder wo Du wissen willst, wie es der anderen Person mit Dir geht. Kurzum überall da, wo Du das Gefühl hast, es könnte helfen.

Dir geht schon eine Situation mit einem Menschen durch den Kopf, wo diese Technik passen könnte? Dann schnapp Dir zwei Stühle und ein Blatt Papier (wenn nötig, können es auch drei sein) und probiere es jetzt sofort aus. Du wirst überrascht sein, was Du dabei alles erlebst!

Du musst jetzt ganz stark sein ...

In diesem Kapitel findest Du eine weitere Möglichkeit, mit heftigen Emotionen umzugehen. Dazu schicke ich ein ganz kleines bisschen Theorie vorweg. Wenn wir uns über andere oder etwas aufregen, geht es dabei in Wahrheit fast immer um Projektion. Darunter versteht man in der Psychologie einen Abwehrmechanismus, bei dem verdrängte eigene Eigenschaften, Wünsche und Taten – vor allem solche, die mit gesellschaftlichen Normen in Konflikt stehen oder für die man sich schämt – anderen Menschen zugeschrieben (also quasi unterstellt) werden, damit man sich selbst nicht im eigenen Inneren damit auseinandersetzen muss. Bei der Projektion werden also Eigenschaften, die man an sich selbst nicht wahrnehmen möchte oder kann, auf andere Personen wie mit einem Diaprojektor projiziert. Das gilt im Positiven wie im Negativen (auch Idole, also Menschen, die man anhimmelt, sind Projektionen).

Was bedeutet das jetzt für Dich? Alles, absolut alles auf dieser Welt, über das Du Dich aufregst, hat in erster Linie (und manchmal sogar ausschließlich) mit Dir selbst zu tun.

Alles, was Du an anderen nervig, ätzend, schrecklich, dumm, blöd, tussig, langweilig oder sonst was findest, und alles, was Du an anderen ablehnst, ist genauso – oder genau im Gegenteil – auch in Dir. Und je mehr Du Dich über etwas aufregst, umso mehr ist es in Dir selbst.

Lies die letzten Zeilen bitte nochmal, mach eine gedankliche Pause und atme dabei tiiiiiiiief auuuuus.

Nehmen wir mal das Beispiel Unpünktlichkeit. Was tatsächlich sehr viele und vor allem die pünktlichen Menschen zur Weißglut bringen kann. Wenn jemand unpünktlich ist und Du warten musst, könntest Du die Zeit ja auch zum Tagträumen nutzen oder um in Ruhe über etwas Wichtiges nachzudenken oder um die Einkaufsliste fürs Wochenende fertigzustellen. Doch stattdessen regst Du Dich auf. Warum?

In der 1. Inspiration dieses Buchteils hatte ich Dir mit dem Zwiebelmodell erklärt, wie sich unsere Persönlichkeit entwickelt. Als Kind hast Du vermutlich gelernt, dass es höflich und wichtig ist, pünktlich zu sein. Du hältst das also innerhalb Deines Weltbilds für richtig. Andere haben andere Dinge gelernt, von Pünktlichkeit noch nie etwas gehört oder sind in einem antiautoritären Kontext aufgewachsen, wo es egal war, ob und wann sie nach Hause kommen. Sie haben also eine andere Einstellung zu diesem Thema. Keiner hat Recht. Und jeder hat ein Recht auf seine eigene Meinung. Sich darüber zu streiten, wie es richtig sein sollte, ist also ein ziemlich sinnloses Unterfangen. Worum geht es wirklich?

Indem Du Dich über die Unpünktlichkeit des Anderen aufregst, kommt ein verdrängter Teil von Dir selbst an die Oberfläche.

Du kannst Dich darum bei Ärger ganz grundsätzlich fragen:

→ Wo mache ich das, worüber ich mich aufrege, ganz genauso?

→ Wo würde ich es gerne auch mal so machen?

→ Wo mache ich das genaue Gegenteil davon?

Um herauszufinden, worum es beim aktuellen konkreten Ärger wirklich geht, helfen dann die folgenden Fragen:

→ Was regt mich an dem Verhalten von X am meisten auf?

→ In welchen Situationen verhalte ich mich selbst manchmal so?

→ In welchen Situationen verhalte ich mich genau entgegengesetzt?

Kommst Du mit? Wir arbeiten uns an unserem Gegenüber zu einem Thema ab, das eigentlich unser eigenes ist. Nur weil wir es nicht sehen können (oder wollen), projizieren wir es auf ihn oder sie.

Der Trick ist, zu erkennen, was hinter unserer Aufregung steht, uns also klarzumachen, um welches Thema in uns selbst es geht, und dann wieder auf unser Gegenüber zu schauen. In den meisten Fällen wird es uns dann unangenehm sein, uns weiter aufzuregen, weil wir begriffen haben, dass wir uns gleichzeitig über uns selbst echauffieren.

Meistens reichen diese Schritte aus, um die Situation zu entspannen. Und manch einer wird dabei auch peinlich berührt in sich hineinlächeln müssen. Hm?

Wenn Du erkannt hast, dass Dich beispielsweise die Unpünktlichkeit bei anderen aufregt, weil Du selbst auch gerne mal etwas entspannter wärst, musst Du darum natürlich nicht gut finden, wenn andere unpünktlich oder damit in Deinen Augen unhöflich sind. Aber Du brauchst Dich nicht mehr darüber zu ärgern. Du nimmst es dann einfach zur Kenntnis und gehst seelenruhig damit um. Passiert Dir das mit einem Bekannten immer wieder, obwohl Du ihm bereits gesagt hast, wie sehr Dich das stört, triffst Du Dich eben irgendwann nicht mehr mit ihm (siehe »Energieräuber raus!« auf Seite 91). Aber Du brauchst Dich nicht mehr darüber aufzuregen. Das geht übrigens auch mit den Themen Socken und Zahnpastatube. Ommmmmm!

Danke, lieber Arschengel!

Falls die Schritte aus dem vorherigen Kapitel nicht ausgereicht haben, um Dein eigenes Thema in einer Herausforderung zu erkennen, kannst Du noch einen Schritt weitergehen. Mit einer Programmstudie. Die heißt so, weil es um Deine unbewussten inneren Programme geht.

Wie ein Computer laufen wir alle mit den Programmen, mit denen wir als Kinder gefüttert worden sind. Andere kennen wir nicht. Die Programme bauen aufeinander auf und greifen ineinander. Und sind uns in den meisten Fällen absolut unbewusst. Dazu gehören die bereits erwähnten Antreiber (zum Beispiel, ob ich es anderen immer recht machen oder immer perfekt sein will), Dinge, über die ich mich bei anderen aufrege und die auch in mir sind (wie die Unpünktlichkeit), oder Themen, die in meinem Leben immer wiederkommen (wie in jeder neuen Firma wieder ein cholerischer Chef). Indem ich die Programme, die einer bestimmten Situation zugrunde liegen, aufdecke, kann ich meinen Umgang mit eben dieser Situation verändern.

Die Programmstudie ist die Selbstcoaching-Methode, mit der ich für mich persönlich am häufigsten arbeite. Sie bringt in Nullkommanichts neue Informationen an die Oberfläche, die zuvor im unbewussten Dunkeln gelegen haben, und ermöglicht es dadurch, Themen, die Dir begegnen, nicht nur anders zu sehen (was ja auch schon sehr hilfreich ist), sondern Dich auch noch anders zu verhalten (sodass alle etwas davon haben).

Unbewusste Programme ans Licht bringen

Das Thema wird in die Mitte eines quergelegten Blattes geschrieben und eingekreist. Dann stellst Du Dir eine Uhr ringsherum vor, also Ziffern von eins bis zwölf (nur vorstellen, nicht hinschreiben). Beginnend auf der gedachten Position der Eins schreibst Du nun waagerecht den ersten Gedanken auf, der Dir zu dem Thema in den Sinn kommt. Den nächsten auf die Zwei, den übernächsten auf die Drei, bis Du bei der Zwölf angekommen bist. Dann beginnst Du wieder von vorn und schreibst das nächste Wort wieder auf Höhe der Eins neben oder unter das erste Wort. Das machst Du etwa fünf bis sieben Minuten lang immer im Uhrzeigersinn und völlig ohne nachzudenken. Das genügt. Das Einzige, was es dabei zu beachten gibt, ist, dass Du immer weiterschreibst. Also nicht zwischendurch den Stift absetzen und Löcher in die Luft gucken oder darüber nachdenken, sondern immer weiter und weiter schreiben. Falls Dir dabei nichts einfällt, schreib »Füllwörter« wie »Weiß nichts«, »Mir fällt nichts ein« und Ähnliches. Hauptsache, Du schreibst weiter. Dabei werden sich mit der Zeit Begriffe oder Sätze wiederholen. Das ist gewollt und hilft Dir dabei, tiefer einzutauchen. Beim Schreiben kommst Du nach einer Weile in eine Art Trance, die den Zugang zu Deinem Unterbewusstsein ermöglicht und das eigentliche Thema an die Oberfläche bringt.

Das Stichwort, das Du dabei in die Mitte schreibst, sollte so kurz wie möglich sein. Wenn Du Dich über Unpünktlichkeit ärgerst, dann schreib das in die Mitte. Wenn Du immer wieder Probleme mit cholerischen Chefs hast, schreib »Chef« hin. Je kürzer, je besser, denn damit gibst Du Deinem Unterbewusstsein am meisten Raum.

Nach einer Weile merkst Du, dass nichts mehr kommt, dann kannst Du aufhören zu schreiben. Jetzt schau einen Augenblick aus dem Fenster, hol Dir etwas zu trinken oder geh auf die Toilette (loslassen hilft immer) und sieh Dir das Geschriebene dann mit etwas Abstand wieder an.

→ Welche Stichworte wiederholen sich in gleicher oder ähnlicher Form?

→ Welcher neue Gedanke taucht darin auf?

→ Welche ungewöhnlichen oder auf den ersten Blick scheinbar unpassenden Begriffe fallen Dir ins Auge?

129

Pünktlichkeit:

→ Muss sein

→ Ist wichtig

→ Geht nicht anders

→ Geht nicht ohne

→ Ist mir wichtig

→ Weiß nichts mehr

→ Hat mein Vater immer gewollt

→ Musste immer pünktlich sein

→ Wenn unpünktlich, dann Strafe

→ Es geschieht Schlimmes, wenn ich nicht pünktlich bin

→ Pünktlichsein ist wichtig

→ Jeder muss pünktlich sein

→ Blöde Übung

→ Ich hasse es, immer pünktlich zu sein!

→ Pünktlichsein muss sein

→ Wäre auch gerne mal unpünktlich

→ Scheiß auf Pünktlichkeit!

→ Ist doch egal

→ Geht auch ohne

→ Geht doch

→ Immer öfter, aber nicht immer

→ Mein Vater wollte das so

→ Ich will das auch so

→ Ich will mich entspannen

→ Ich finde es okay, auch mal unpünktlich zu sein

→ Pünktlichkeit ist eine Zier, doch es geht auch ohne ihr

Meinem Kunden ist zum Beispiel beim Schreiben klargeworden, dass er Pünktlichkeit in seinem Elternhaus als etwas sehr Wichtiges kennengelernt und verinnerlicht hat und Unpünktlichkeit zutiefst ablehnt. Doch gleichzeitig würde er auch gerne mal fünfe gerade sein lassen und sich nicht immer so einen Stress machen, um überall rechtzeitig da zu sein. Durch diese Erkenntnis hat sein Ärger abgenommen und er hat im Coaching seine Aufmerksamkeit dann auf das Ziel gerichtet, entspannter mit dem Thema Pünktlichkeit umzugehen.

Probiere die Programmstudie am besten gleich mal mit einem Thema aus, das Dich schon länger beschäftigt oder über das Du Dich gerade akut heftig ärgerst. Die meisten meiner Teilnehmer und Kunden lieben die Programmstudie, weil sie in ganz kurzer Zeit Erkenntnisse ermöglicht, die man durch reines Nachdenken oder Darüberreden nicht gewinnen kann.

؏

MUSTERUNTERBRECHUNG

Okay, Du hattest Deine Erkenntnis. Und nun? Jetzt kannst Du entweder mit diesen neuen Gedanken das Seelenruhig-Selbstcoaching durchgehen. Oder Du kannst Dein bisheriges Reaktionsmuster ganz bewusst unterbrechen. Denn wenn Du tust, was Du immer getan hast, bekommst Du die Ergebnisse, die Du immer bekommen hast. Wenn Du andere Ergebnisse willst, musst Du Dein Denken und Deine Handlungen verändern.

Wenn Du das nächste Mal irgendwo auf irgendwen wartest und kurz davor bist, Dich darüber aufzuregen, fällt Dir möglicherweise ein, dass Du die Einkaufsliste fürs Wochenende schreiben kannst. Und schon bist Du relax. Deine Verabredung kommt nach fünf Minuten mit einer freundlichen Entschuldigung um die Ecke, und Ihr habt einen schönen Abend.

Das ist auch wieder leichter gesagt als getan? Ja, aber es ist machbar. Es erfordert allerdings Bewusstsein und etwas Disziplin. Bisher bist Du normalerweise auf die Palme gegangen, wenn jemand nicht rechtzeitig erschienen ist. Deine miese Stimmung hast Du dann entweder mühsam runtergeschluckt oder wütend zum Ausdruck gebracht. In beiden Fällen hat sie aber vermutlich Euer Treffen überschattet. Dabei könntest Du den Menschen, über den Du Dich ärgerst, auch als das sehen, was er ist: ein »Arschengel«, der Dir netterweise dabei hilft, etwas Neues über Dich zu lernen.

Stell Dir jetzt einfach mal vor, Du bist wieder in so einer Situation, die Dich zur Weißglut bringt. Was ist typisch dafür? Wo bist Du? Wer ist es, dessen Verhalten Dich dermaßen nervt? Was geschieht in diesem Moment in Deinem Inneren? Ärgerst Du Dich? Spürst Du Wut in Dir aufsteigen? Fühlst Du Dich verletzt? Zurückgesetzt? Nicht wichtig genommen? Was genau geht in Dir vor? Du weißt ja inzwischen, dass Dein Ärger vor allem etwas mit Dir selbst zu tun hat.

Jetzt tritt innerlich einen Schritt zurück und atme ein paar Mal ganz in Ruhe ein und aus.

In diesem Zustand schaust Du Dir die Situation jetzt wieder an. Was hat sich geändert? Was kannst Du zusätzlich wahrnehmen? Vielleicht spürst Du jetzt gerade, wie wertvoll diese Person in Deinem Leben ist und dass es Dir etwas leichter fällt, das Verhalten zu akzeptieren. Oder Du spürst mehr Ruhe in Dir und realisierst, dass Dein Ärger plötzlich wie verflogen ist.

Wenn Du die Situationen, in denen Du Dich bisher in Deinem Leben am meisten aufgeregt hast, immer mal wieder auf diese Art durchgehst, veränderst Du auf Dauer nicht nur Dein Denken, sondern automatisch auch Dein Handeln. In Deinem Gehirn bilden sich nach und nach neue Synapsen und stehen Dir dann zur Verfügung, wenn beispielsweise wirklich mal wieder jemand viel zu spät ist. Und schwuppdiwupp hast Du beim nächsten Mal dann trotz allem einen schönen Abend.

Tankstellen für die Seele

Oft suchen wir im Leben nach schnellen Lösungen. Doch die gibt es eben nicht immer. Dann drehen sich unsere Gedanken im Kreis. Dass es in solchen Momenten eine gute Idee ist, raus in die Natur zu gehen, hast Du hier schon gelesen. Auch wie Du mit Themen umgehen kannst, die Dich bisher immer furchtbar aufgeregt haben. Was Dir noch helfen kann, ist, Dir selbst für eine gewisse Zeit ganz offiziell eine Gedankenauszeit zu erlauben.

PÄCKCHEN PACKEN

Wenn Du beim nächsten Mal das Gefühl hast, mit einer Sache partout nicht weiterzukommen, stell Dir vor, wie Du das Problem/Thema/die Herausforderung in einen hübschen Karton packst, auf den Du dann liebevoll den Deckel tust. Dann bindest Du noch eine schöne, große Schleife darum und stellst das Ganze an einen Ort, wo es erstmal aus den Augen (und damit aus dem Sinn) ist, wo Du es aber früher oder später wieder finden wirst. Das kannst Du ausschließlich in Gedanken machen oder auch mit einem richtigen Karton. In beiden Fällen verschaffst Du Deinem rastlosen Geist eine Pause und lässt Dein Unterbewusstsein in Ruhe weiter nach einer guten Lösung suchen. Wichtig ist hierbei nur, dass Du Dich dann mit etwas ablenkst, was Dir Freude macht und was Dich wirklich in Anspruch nimmt.

Den Kopf auf Dauer in den Sand zu stecken, bringt es übrigens nicht. Früher oder später musst Du den Karton mit Deinem Thema schon wieder in die Hand nehmen. Doch bis dahin tust Du Dir etwas Gutes und gehst das Thema dann, wenn Du so weit bist, ganz in Ruhe wieder an.

DINGE, DIE DIR GUT TUN

Nachdem nun klar ist, welche Dinge Deines Lebens Dich bisher Kraft gekostet haben und welchen Menschen Du besser weniger oder gar keine Zeit mehr in Deinem Leben einräumst, bleibt die Frage: Was hilft Dir, Deine Energie wieder aufzutanken?

Hier ein paar Ideen:

→ Mit lieben Menschen zusammen sein
→ Vortrag, Konzert, Kino, Museum besuchen
→ Sich selbst bemuttern (sich liebevoll umarmen, einen Tee kochen, einen warmen Schal anziehen und reinkuscheln)
→ Mit Tieren schmusen
→ Gemeinsam lachen
→ Tolle Gespräche mit klugen Menschen
→ Ins eigene Zimmer zurückziehen

→ Nichts tun, die Seele baumeln lassen, meditieren
→ Lieblingsmusik hören
→ Sport machen, Rad fahren, Yoga
→ Etwas Besonderes kochen
→ Ein tolles Projekt bearbeiten
→ Genussvolle körperliche Betätigung wie Gartenarbeit, Kochen (wenn es aus Freude geschieht) und natürlich auch Sex oder eine Massage

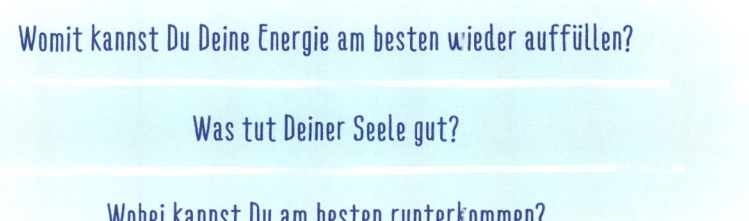

Womit kannst Du Deine Energie am besten wieder auffüllen?

Was tut Deiner Seele gut?

Wobei kannst Du am besten runterkommen?

Forscher haben übrigens herausgefunden, dass längeres Faulenzen oder Rumliegen nicht beim Auftanken oder Erholen hilft. Genug Schlaf ist natürlich wichtig und auch alle 90 bis 120 Minuten eine kurze Pause zu machen, ist biologisch sinnvoll (das ist die Zeit, wo Du Dir normalerweise einen Kaffee holst oder einen kleinen Plausch im Flur hast). Aber die Erholungsforschung (die gibt's wirklich!) sagt, dass zum echten Auftanken noch mehr gehört – nämlich Abschalten, Entspannen, Selbstwirksamkeit und zeitliche Selbstbestimmtheit. Man erholt sich demnach dann am besten, wenn man das Thema, das einen beschäftigt, für eine Weile hinter sich lässt (also den Kopf frei macht). Wenn man sich dann mit etwas beschäftigt, das einen entspannt (zum Beispiel Stricken), bei dem man etwas Konkretes erreichen kann (zum Beispiel einen Schal) und wobei man sich die Zeit (zum Beispiel jeden Abend nach dem Abendessen) frei einteilen kann.

Zwei Wochen am Strand liegen oder eine Pauschalrundreise hat darum nur eine flüchtige Wirkung auf unsere Akkus. Spätestens drei Wochen nach dem Urlaub ist das Energieniveau wieder dasselbe wie davor. Überhaupt bringen viele Wochen Urlaub viel weniger, als man denkt. Besser und wirksamer sind die kleinen Fluchten vom Alltag, von denen Du Dir darum möglichst viele gönnen darfst.

DIE KRAFT DER DANKBARKEIT UND DER GUTEN ERINNERUNGEN

Durch Dankbarkeit verbinden wir uns auf direktem Weg mit unserem Herzen und damit mit uns selbst. Eine gute Übung ist es, jeden Abend drei Dinge aufzuschreiben oder Dir zumindest durch den Kopf gehen zu lassen, für die Du dankbar bist oder die Dir ein Glücksgefühl geschenkt haben. Das kann der wunderschöne Sonnenaufgang sein, der ungestörte Kaffee am Morgen, ein schönes Gespräch mit der Kollegin von nebenan oder ein Lächeln der Bäckereifachverkäuferin.

Menschen, die regelmäßig aufschreiben, wofür sie dankbar sind, sind nachweislich zufriedener als andere. Studien zufolge wirkt das sogar besser als Psychotherapie und Antidepressiva. Also Glückstagebuch neben das Bett und einfach damit anfangen. Der Vorteil dieser täglichen Routine ist, dass Du automatisch Deinen Blick veränderst. Unbewusst suchst Du nach kurzer Zeit auch schon während des Tages mehr nach dem Positiven in Deinem Leben (um es Dir abends notieren zu können). Solltest Du übrigens mal einen besonders miesen Tag gehabt haben, erinnere Dich an die Glücks- regel 3:1. Sammele an dem Abend einfach entsprechend mehr an schönen Dingen, dann gleichst Du einen Teil der schlimmen Ereignisse durch Deine erweiterte Wahrnehmung direkt wieder aus.

Und falls Dir an einem dieser grauen, ungemütlichen Novembertage mal gar nichts Schönes einfällt, kannst Du auch auf schöne Erinnerungen zurückgreifen. Etwa:

→ Die zehn schönsten Momente oder Erfahrungen in Deinem Leben

  Zum Beispiel: Der Moment, als Du Dein Baby zum ersten Mal im Arm hattest. Der Tag Deiner Hochzeit (hoffe ich zumindest für Dich). Das erste eigene Buch in Händen zu halten …

→ Ereignisse aus Deinen Leben, die Dir heute noch ein Lächeln aufs Gesicht zaubern

  Zum Beispiel: Der Moment als Dir klarwurde, dass Du Dein Ziel erreicht hast. Als Du erfahren hast, dass Du den Job bekommst. Als Du zum ersten Mal wieder in Deine alte Kleidergröße gepasst hast …

→ Die schönsten Abenteuer, die Du bisher erlebt hast

  Zum Beispiel: Die Rucksackreise durch Costa Rica. Der erste Fallschirmsprung. Der zweite Fallschirmsprung. Tauchen mit Haien. Das Überqueren einer gigantischen Hängebrücke trotz Höhenangst …

7. Inspiration

Weniger stressen, besser leben

Es ist eine Tatsache, dass die Realität nicht existiert (wobei dieser Satz bei kritischer Betrachtung natürlich total unlogisch ist, aber da gehen wir jetzt mal einfach drüber weg). Jeder Mensch sieht die Welt auf seine ganz eigene Art. Viele Situationen entstehen, weil wir an unserem Blick auf die Welt kleben und unsere Sichtweise für richtig halten. Dabei ist es immer unsere erlernte Sicht auf die Dinge, die uns begegnen. Wer das einmal wirklich verstanden hat, muss sich eigentlich über nichts mehr aufregen.

Wenn es doch – theoretisch – so einfach ist, wieso gelingt es uns nicht, Dinge einfach anders zu betrachten? Dafür gibt es zahlreiche Gründe, die mit Erziehung und Erfahrung zu tun haben, wie ich es Dir weiter vorn im Zwiebelmodell beschrieben habe. Ganz unten an der Basis gibt es aber auch einen evolutionären Grund dafür, der ursprünglich sinnvoll war, unsere Seelenruhe aber stark beeinträchtigen kann: unsere Reaktion auf Stress. Doch was verursacht Stress? Letztendlich alles, mit dem wir nicht einverstanden sind, was wir anders erwartet haben, was uns nicht in den Kram passt oder was uns wiederkehrende Sorgen macht.

Mal wieder den Schlüssel verlegt, Stau auf der Autobahn, die Fünf in Mathe beim Filius, Verspätung bei der Bahn. Stress macht uns nervös, ängstlich, genervt. Wir schießen uns innerlich auf das Thema ein und blenden alles andere aus. Unsere Gedanken drehen durch, obwohl wir gleichzeitig (meistens) wissen, dass es Quatsch ist, sich so aufzuregen. Unser Körper reagiert mit Herzrasen, Schweißausbrüchen oder Schnappatmung. Wir fühlen uns in jeder Hinsicht überfordert und unser System schaltet in den uralten Kampf- oder Fluchtmodus.

Im Stress geht uns verloren, was uns sonst ausmacht: Verständnis für unser Gegenüber und eine vernünftige Einschätzung der Situation. Stattdessen wird in uns Energie zur Verfügung gestellt, um effektiv kämpfen oder weglaufen zu können. Der Streit oder die negativen Gedanken vergehen irgendwann wieder, doch der Stresslevel in unserem inneren System bleibt. Nicht jeder hat dann Lust oder Zeit, das durch Holzhacken oder Joggen wieder abzubauen (obwohl genau das sehr sinnvoll wäre, Rasenmähen oder eine Hunderunde tun es notfalls auch). Stattdessen sammelt sich immer mehr und mehr Anspannung in unserem Körper an, was nach einer Weile zu einem chronischen Unruhezustand wird.

Doch was kann helfen, um den Stresslevel auf Dauer runterzufahren? Dafür findest Du hier zwei weitere grundlegende Tipps, die ich Dir wirklich ans Herz lege. Deiner Gesundheit, Dir selbst und den Menschen um Dich herum zuliebe.

ﾉ

ÖFTER MAL NICHTS TUN

Im ersten Teil des Buches hatte ich Dir bereits vorgeschlagen, Dir einen freien Tag pro Woche zu gönnen. An dem Du aber durchaus etwas tun kannst, was Dich glücklich macht. Mit »Nichtstun« meine ich hier jetzt: wirklich mal nichts zu tun. An der Bushaltestelle nicht schnell die E-Mails checken, beim Autofahren nicht nebenbei Musik oder die Nachrichten hören, noch nicht mal schnell meditieren, wenn Du mal ein paar Minuten für Dich hast. Einfach mal nichts tun. Wenn Du mal nichts tust, nicht liest, nicht fernsiehst, Dich nicht unterhältst, nichts hast, was Deine Aufmerksamkeit fesselt, sondern einfach vor Dich hin sinnierst, dann verschafft das Deinem Geist die nötige mentale Entspannung.

Nichtstun für Fortgeschrittene

Diese Entspannung sorgt dann übrigens häufig für neue, geniale Gedanken oder Lösungen zu Themen, mit denen Du Dich sonst beschäftigst. Die losen Enden in Deinem Gehirn werden beim Nichtstun quasi neu verknüpft. Beim Tagträumen denkt Dein Gehirn von selbst weiter. Mind-Wandering, Gedanken schweifen lassen, nennt das die Wissenschaft. Das funktioniert am besten in reizarmen oder gleichförmigen Situationen. Statt nur Löcher in die Luft zu gucken und auf dem Sofa zu dösen (was aber eine feine Sache ist und was Du Dir darum unbedingt regelmäßig gönnen darfst), kannst Du während des Nichtstuns auch ruhig etwas tun, zum Beispiel Putzen, Gartenarbeit, Bügeln oder Zugfahren (bei Letzterem ist Frau Rowling angeblich der Einfall zu Harry Potter gekommen, aktives Nichtstun kann also auch sehr lukrativ sein).

Bis zu 50 Prozent des Tages verbringen wir sowieso völlig unbewusst in diesen Zuständen. Zeit für Dich und zum Nichtstun kann sich überall ergeben. Im Stau zum Beispiel: Hier könntest Du das Radio ausmachen, das Handy da lassen, wo es ist, und kurz in Dich reinfühlen und Dich fragen, wie es Dir geht. Vielleicht ein paar Mal ganz bewusst ein- und ausatmen. Und falls der Stau länger dauert, die Seele baumeln lassen und Deinen Geist auf Wanderschaft schicken.

Oder an der roten Ampel: Da könntest Du beim nächsten Mal – statt Dich zu ärgern – ganz bewusst in Dein Energiezentrum (genauer: in Deinen Solarplexus in der Körpermitte) hineinatmen. Eine Quickie-Zentrierungs-übung sozusagen. Da ist dann fast zu bedauern, dass es wieder grün wird. Doch diesen Moment kannst Du noch für einen kleinen Besuch in Deinem Herzzentrum nutzen, indem Du Dir vorstellst, wie das grüne Licht Dein Herz weit öffnet (grün ist die Farbe Deines Herz-Chakras).

→ Wo ist der Ort, an dem Du am besten in diesen »Gedanken-schweifen-lassen«-Zustand kommst? Beim Blick aufs Meer, beim Fahrradfahren, beim Wolkenschubsen?

→ Und bei welcher Tätigkeit kannst Du am besten gedanklich loslassen? Beim Kreativsein, Joggen, Bodenwischen, Musik-hören?

Wenn ich beim Schreiben dieses Buches mal nicht weitergekommen bin, habe ich mir regelmäßig ganz bewusst eine Pause gegönnt. Ein paar Zeilen im spannenden Buch, das ich gerade las. Eine Tasse Kaffee im Garten und den Hunden beim Spielen zusehen. Eine Runde Yoga, um meine Muskeln zu dehnen, die beim Schreiben im wahrsten Sinne des Wortes viel zu kurz kommen. Meist war es dann so, dass ich meine Pausentätigkeit unterbrechen musste, weil die Ideen nach ein paar Minuten Auszeit wieder gesprudelt sind. So geht es mir auch bei großen, wichtigen Projekten. Jede Pause mit Nichtstun schenkt Raum für Inspiration. Das bedeutet jetzt ganz praktisch: Buch weglegen, Füße hoch, Löcher in die Luft gucken und die letzten Zeilen in Ruhe verdauen. Wer weiß, was Dir in dieser Zeit dann noch Geniales einfällt (wie gesagt, beim Zugfahren …).

Eine Minute Glück

Dass Meditieren gesund ist, weiß heute jedes Kind. Was nicht heißt, dass jedes Kind oder gar jeder Erwachsene diese wunderbare, kostenlose Möglichkeit zur Gesundheitsvorsorge oder sogar Heilung nutzt. Im Gegenteil. Zwar sind es schon fast 20 Prozent aller Deutschen, die ihren Geist mit Yoga oder Meditation zur Ruhe bringen, aber 80 Prozent tun das eben noch nicht.

Dabei hat Meditation enorme Auswirkungen auf das Wohlbefinden. Es stärkt Dein Immunsystem, senkt Deinen Blutdruck und den Stresshormonspiegel in Deinem Blut, hilft Dir, Dich zu konzentrieren (und damit, Deine Ziele besser zu erreichen), fördert Deine Kreativität, steigert Deine Fähigkeit, Glück zu empfinden, verbessert Deine Stressresistenz und damit auch Deine Resilienz und Deine Seelenruhe. Da ist also bestimmt auch für Dich ein guter Grund dabei, nicht nur zur sagen »Ich sollte öfter mal meditieren«, sondern tatsächlich damit anzufangen. Am besten gleich heute.

Bei der Meditation geht es vereinfacht gesagt darum, Deine Aufmerksamkeit zu fokussieren und ganz in die Gegenwart zu bringen. Die Kunst (und die Übungssache) dabei ist, die Ablenkungen durch die eigenen Gedanken, Geräusche von außen oder durch Gefühle immer wieder loszulassen und Dich wieder aufs Hier und Jetzt zu konzentrieren. Für diese Konzentration kann man eine Kerze zu Hilfe nehmen und immer wieder auf ihre Flamme schauen. Oder ein Mantra (wiederkehrende Wortfolgen) leise oder laut vor sich hin singen oder summen. Oder ein Wort innerlich wiederholen (Ruhe, Frieden, Seele, Gelassenheit, Kaffee …). Oder Deine Aufmerksamkeit auf Dein Herzzentrum richten. Was auch immer. Hauptsache ist, dass Du dabeibleibst.

Für viele Menschen ist Meditation eine Art Ausdauertest. Je länger man selig und von tiefem Frieden erfüllt im perfekten Lotossitz still sitzen kann, desto spiritueller ist man. Das artet dann ganz schnell wieder in Stress aus. Und so ist es ganz bestimmt nicht gedacht. Ich finde, das Leben ist viel zu kostbar, um jeden Tag eine Stunde in Meditation zu verbringen. Das darf gerne auch schneller gehen! Denn an der Länge liegt es nicht, wenn Meditation uns gut tut, sondern an der Qualität. Innere Ruhe stellt sich dann ein, wenn man in völliger Übereinstimmung mit dem ist, was ist. Auch wenn es zwickt und zwackt oder gerade nicht friedlich zugeht. Einfach sein ist die Kunst. Und die kann man trainieren.

Meditation ist laut Glücksforschung der schnellste Weg, dem Gehirn zu mehr Gelassenheit zu verhelfen. Die Herausforderung ist allerdings: Wir haben keine Zeit (genauer gesagt, wir nehmen sie uns nicht). Darum hier ein paar Anleitungen für Quickie-Meditationen. Denn ein bis fünf Minuten ab und zu (oder sogar regelmäßig jeden Morgen oder Mittag oder Abend), die haben wir definitiv alle. Notfalls morgens auf dem Klo.

Die Atem-Meditation

Zum Einstieg finde ich persönlich es am leichtesten, mit einer Meditation zu beginnen, die sich auf einen selbst richtet. Die meisten Menschen atmen viel zu flach, sodass eine Atem-Meditation – selbst wenn sie nur zwei oder drei Minuten lang ist – auf jeden Fall zu mehr Wohlbefinden beiträgt.

Du musst dafür weder Deine Beine in einer beeindruckenden Yogatechnik verknoten noch so dasitzen, als hättest Du einen Stock verschluckt. Es genügt, wenn Du Dich einigermaßen aufrecht auf einen Stuhl setzt, damit Du gut atmen kannst. Stell Dir einen Wecker auf zwei oder drei Minuten (das genügt für den Anfang, später dürfen es auch bis zu fünf Minuten sein).

Dann richtest Du Deine Aufmerksamkeit für einen Augenblick auf Deinen Körper.

→ Wie fühlt sich Dein Körper auf dem Stuhl an?

→ Zwickt es irgendwo?

→ Wie geht es Dir?

Dann wendest Du Dich Deinem Atem zu und tust nichts anderes, als zu beobachten, wie er ein- und ausfließt. Beobachte, wie Du einatmest und ausatmest. Vermutlich wirst Du das irgendwo besonders leicht wahrnehmen können. Zum Beispiel in Deinen Nasenflügeln, die sich leicht heben und senken. Oder in Deinem Brustkorb, der sich weitet und wieder loslässt. Oder auch in Deinem Bauch. Versuche nicht, besonders tief oder anders zu atmen. Atme einfach. Und sobald Du merkst, dass Deine Aufmerksamkeit nachlässt, konzentriere Dich wieder ganz bewusst auf Deinen Atem. Das machst Du so lange, bis der Wecker klingelt. That's it.

Wann üben?

Wenn Du einmal angefangen hast, regelmäßig ein paar Minuten zu meditieren, wirst Du auch gemerkt haben, zu welchen Zeiten das besonders gut geht und wann es nicht so gut funktioniert. So wie bei den anderen Tätigkeiten in Deinem Leben gibt es auch für Stille eine ideale Zeit in Deinem Tagesablauf. Um Deine Praxis auf Dauer beizubehalten, ist es gut, zu einer bestimmten Tageszeit (noch morgens im Bett) oder zu einem bestimmten Anlass (immer nach dem Yoga oder nach der Hunderunde) zu üben. So bekommst Du eine Routine, die es Dir leichter macht, am Ball zu bleiben. Und je öfter Du übst, desto mehr spürst Du von der heilsamen Wirkung der kleinen Auszeiten und desto wahrscheinlicher wird, dass Du dranbleibst. Du kannst dabei ja nur gewinnen.

One-Moment-Meditation

Für die ganz Eiligen gibt es eine Meditation, die nur einen einzigen Moment dauert und die man – hat man sie einmal erlernt – darum immer wieder kinderleicht in den Tag einbauen kann: die One-Moment-Meditation.

Und so kommst Du dorthin: Übe die Atem-Meditation ein paar Wochen lang. Wenn das gut klappt, verkürze die Zeiten dafür (wenn Du zu Beginn fünf Minuten meditierst, dann nimm dir nach einer Weile nur noch vier, dann drei, dann zwei und schließlich nur noch eine Minute dafür).

Wenn Du gelernt hast, in nur einer Minute richtig abzuschalten, verkürzt Du auch diese Zeit systematisch, bis Du dann bei einer ganz kurzen Zeitspanne angekommen bist, die idealerweise einen Ein- und Ausatmen-Zyklus umfasst. Das sind etwa fünf Sekunden.

Während dieses Ein- und Ausatmens tust Du dann absolut gar nichts mehr. Du konzentrierst Dich nicht mal mehr auf Deinen Atem. Du hörst völlig auf zu tun und bist für einen Augenblick nur noch pures Sein. Das erkennst Du daran, dass Du in diesem einen Atemrhythmus für einen Moment sozusagen richtig weggetreten bist.

So erlebst Du während des Tages immer wieder Momente der völligen inneren Ruhe und des Friedens. Nach einer Weile wird das für Dich so selbstverständlich, dass die Momente, in denen das geschieht (denn Du tust es ja nicht mehr aktiv) immer mehr werden. Du verlierst für einen winzigen Augenblick den Bezug zu Zeit und Raum (und auch zu Dir selbst, denn genau das ist der Sinn der Sache) und erlebst einen Moment der Ewigkeit.

JETZT ist übrigens ein guter Moment, um das einfach mal auszuprobieren.

Seelenruhig leben

Im täglichen Leben und im Sturm des Alltags seelenruhig zu werden und auch zu bleiben, lässt sich erlernen. Das weiß ich aus eigener Erfahrung. Auch wenn ich noch nicht immer und in allen Situationen wirklich in meiner Mitte bleibe, kehre ich sehr schnell in einen seelenruhigen Zustand zurück. Das wäre früher undenkbar gewesen. Wenn ich mir anschaue, was für ein Mensch ich noch vor zwanzig oder fünfzehn Jahren war, hat sich unendlich viel geändert. Ein Teil dieser Veränderung ist die stetige Selbstreflexion am Morgen. Einen anderen Teil verdanke ich der Entscheidung, ganz und gar, radikal und konsequent, meinen eigenen Weg zu gehen. Und schließlich – und dafür bin ich sehr dankbar – ist es das Wachsen und »Mich-entwickeln-Können« mit jedem neuen Kunden, jedem Workshop und jeder Ausbildungsgruppe.

Auch Du wirst dann seelenruhig und voller Lebensfreude sein, wenn Du Dir selbst und Deiner Seele wirklich nah bist. Wenn Du einen Job machst, der Deiner Berufung entspricht. Wenn Du ein Leben führst, in dem Du Dein Potenzial jeden Tag aufs Neue zum Ausdruck bringen kannst. Und wenn Du alte Verletzungen, Prägungen, übernommene Ideen und die Opferrolle hinter Dir lässt und Dich stattdessen für ein freies, selbstbestimmtes Leben entscheidest. Wenn Du Dich Deiner Seele »ergibst«, wird sich auch Dein Leben zu Deinen Gunsten ergeben.

Das bedeutet allerdings nicht automatisch, dass es auch leicht sein wird. Dir fliegen dann nicht automatisch die gebratenen Trauben (die Vegetarier-Variante im Paradies) in den Mund. Du musst schon etwas dafür tun. Aber eben nur (noch) das, was Dir entspricht.

Jede große Veränderung kann Dein Leben durcheinanderwirbeln, Deine Finanzen strapazieren und Deine Entschlossenheit immer wieder auf die

Probe stellen. Viele Menschen haben Angst, diesen Schritt zu gehen, weil er ihr Leben verändert. Dabei ist Veränderung die normalste und unvermeidlichste Sache der Welt. Dein Leben wird sich sowieso ändern. Entweder in eine Richtung, die Dir entspricht und die Du Dir wünschst, oder in eine andere, die Dir weniger gut gefällt. Es ist Zeit, Dich für Dich selbst und Dein Leben zu entscheiden.

Die Top Five
für Deine Seelenruhe

Für schlechte Zeiten ist es nützlich, Deinen ganz persönlichen Seelenruhig-Notfallkoffer zu haben. Hinein gehören die Dinge, die grundsätzlich Deine Seelenruhe stärken, und solche, die Du in schwierigen Zeiten zu Hilfe nimmst.

ALS BEISPIEL DIE TOP FIVE MEINER SEELENRUHE

Fünf Minuten Ruhe und eine Stunde Seele putzen pro Tag

Ich gehöre zu den Menschen, denen es schwerfällt, länger als fünf Minuten ruhig zu sitzen, ohne etwas zu tun. Ich kann fünf Stunden am Stück schreiben, aber die Zeit kommt mir kürzer vor, als zehn Minuten zu meditieren. Darum habe ich mich für die täglichen fünf Minuten entschieden (plus dann und wann eine One-Moment-Meditation). Die brauche ich, die nehme ich mir. Jeden Morgen gleich als Erstes beim Kaffee (ja, das klappt gut). Daran anschließend folgt ebenso jeden Morgen meine tägliche Dosis Seeleputzen per Gedankenschreiben.

Nur tun, was mir entspricht

Zu Beginn meiner Selbstständigkeit als Coach habe ich einige Aufträge angenommen, bei denen mir nicht wohl war, die ich aber brauchte, um als Alleinerziehende über die Runden zu kommen. Ich habe Vorträge vor Leuten gehalten, die in Gedanken nicht bei mir, sondern schon in der Pause beim Buffet waren. Ich habe Workshops für Institute gehalten, bei denen ich wusste, dass sie nicht sehr liebevoll mit ihren Mitarbeitern umgehen. Das tat mir nicht gut, aber ich war jung und brauchte das Geld. Heute tue ich nur noch, was mir entspricht. Bei jeder Anfrage höre ich gründlich in mich hinein, ob die Firma, der Auftrag, das Thema wirklich gut für mich sind. Und wenn nicht, nehme ich den Auftrag nicht an. So bleibt mein Energielevel hoch, und ich habe Zeit für die Themen und Projekte, die mir wirklich am Herzen liegen.

Auf die Zeichen achten

Das habe ich hier im Buch bisher nicht erwähnt, aber was mir wirklich das Leben erleichtert, ist aufmerksam auf »Zeichen«, Hinweise für mein Leben und meine Entwicklung, in meiner Umwelt zu achten. Wenn mir eine Sache – zum Beispiel ein liegen gebliebenes Auto auf der Autobahn oder ein »Stolperstein« auf dem Fußweg als Hinweis, langsamer zu machen – einmal begegnet und mich irgendwie anspricht, achte ich bewusster auf diese Sache. Passiert es mir ein zweites Mal, kümmere ich mich um das Thema. Klappt das einmal nicht, knöpfe ich es mir garantiert spätestens beim dritten Mal vor. Warum? Weil ich gelernt habe, dass die Dinge, die mit mir zu tun haben, wo ich etwas lernen oder aktiv werden soll, drei Mal als Zeichen zu mir kommen. Hab ich mich ihnen dann immer noch nicht zugewandt, wird aus den zarten Zeichen meist ein harter Zaunpfahl, der mir dann oft nicht mehr so gut in den Kram passt, sondern sich mir in den Weg legt oder mir auch mal gegen den Kopf donnert. Darum reagiere ich grundsätzlich spätestens bei Zeichen Nummer drei.

Programmstudie machen

Bei uns ist das inzwischen schon ein geflügeltes Wort. Wenn mich irgendetwas beschäftigt und ich mit meinem Mann darüber rede, fragt er als Erstes, ob ich schon eine Programmstudie dazu gemacht habe. Wenn ich zum Beispiel die drei gerade genannten Zeichen zu einem Thema bekommen habe, aber nicht weiß, was sie mir genau sagen wollen, mache ich eine Programmstudie. Habe ich ein mulmiges Gefühl wegen irgendeiner Angelegenheit und weiß nicht so recht warum, mache ich eine Programmstudie. Ärgere ich mich (kommt zwar nur noch selten vor, aber kommt noch vor) über etwas länger als eine Minute, mache ich eine Programmstudie. Die Erkenntnisse daraus verhelfen mir immer zum nächsten Schritt. Voilà!

Seelenruhig-Anleitung

Und sollte es mal eine Ausnahme geben, gehe ich die Fragen der Seelenruhig-Selbstcoaching-Anleitung durch. Da das etwas zeitaufwändiger ist, mache ich das nicht sehr oft. Aber manche Dinge sind eben so komplex oder herausfordernd, dass ein strukturierter Fragenkatalog auch mir weiterhilft. Das ist sozusagen mein Joker, und der funktioniert – toi, toi, toi! – bei mir bisher wirklich immer.

DIE TOP FIVE DEINER SEELENRUHE

Um Deine eigenen Top Five zu erstellen, blättere ruhig das Buch nochmal von Anfang bis Ende durch und wähle Dir Deine Highlights aus (das können natürlich auch eigene Sachen sein, die Dir bisher gut geholfen haben).

Welche der vorgestellten Gedanken oder Methoden passen für Dich,
sodass Du sie ab sofort anwenden wirst?

Was macht Dich grundsätzlich am besten, schnellsten, effektivsten
und/oder nachhaltigsten seelenruhig?

Was kannst Du im Alltag am leichtesten tun, wenn Du spürst,
dass Seelenruhe und Ausgeglichenheit Dir mal wieder entgleiten?

Finde Rituale, um die Top Five Deiner Seelenruhe in Dein Leben einzubauen. Und mach Dir nichts daraus, wenn es nicht gleich klappt. Die meisten Menschen brauchen vier bis fünf Anläufe, bis sie ein Vorhaben wirklich erfolgreich und dauerhaft in die Tat umgesetzt haben. Auch wenn es etwas so »Einfaches« ist, wie jeden Tag eine Minute bewusst zu atmen

Mach es Dir zur Gewohnheit, einmal am Tag, einmal pro Woche, einmal im Monat und einmal im Jahr zu hinterfragen, wie es Dir in Deinem Leben geht und wie es um Deine Seelenruhe bestellt ist. Je häufiger Du das tust, desto weniger weichst Du von dem Weg ab, der Dir gut tut und der Dich auf Dauer seelenruhig glücklich sein lässt.

Da war noch was

Ganz am Anfang hast Du Ziele für Deine Zeit mit diesem Buch notiert (oder Dir wenigstens ein paar Gedanken dazu gemacht). Geh jetzt bitte noch einmal zurück oder erinnere Dich daran.

→ Zu wie viel Prozent hast Du Deine Ziele erreicht?

→ Was ist Dir beim Bearbeiten der einzelnen Aufgaben klargeworden?

→ Was ist das Wichtigste, das Du für Dich aus diesem Buch mitnimmst?

Zum Abschluss

Vielleicht kennst Du den nachfolgenden Satz, das ist der erste Teil des »Gelassenheitsgebets«:

Gott, gib mir die Gelassenheit, Dinge hinzunehmen, die ich nicht ändern kann, den Mut, Dinge zu ändern, die ich ändern kann, und die Weisheit, das eine vom anderen zu unterscheiden.

Im englischen Original (das vermutlich auf den amerikanischen Theologen Reinhold Niebuhr zurückgeht) geht der Text noch weiter:

God, grant me the serenity to accept the things I cannot change,
Courage to change the things I can,
And wisdom to know the difference.
Living one day at a time,
Enjoying one moment at a time,
Accepting hardship as a pathway to peace,
Taking, as Jesus did,
This sinful world as it is,
Not as I would have it,
Trusting that You will make all things right,
If I surrender to Your will,
So that I may be reasonably happy in this life,
And supremely happy with You forever in the next.
Amen.

Wirklich seelenruhige Menschen leben nicht nur für ihr eigenes Glück, sondern engagieren sich für ein »höheres« Ziel. Sie beschäftigen sich nicht (nur) mit ihren eigenen Sorgen und Befindlichkeiten, sondern sehen sich und ihr Leben in einem größeren Zusammenhang. Das führt ganz automatisch dazu, die täglichen Aufgaben mit größerer Energie, Engagement und Zielstrebigkeit anzugehen. Was ihnen wiederum das Gefühl von Stimmigkeit und Lebendigkeit vermittelt.

Was ist Dein höheres Ziel im Leben? Wofür bist Du auf dieser Welt? Finde es heraus und lebe Dein Potenzial, so wie Deine Seele es vor langer Zeit für Dich vorgesehen hat.

Ich wünsche Dir ein seelenruhiges, leidenschaftliches, intensives, freudiges und wunder-volles Leben!

Danke

Dank zuallererst meinem geliebten Mann Thomas, meinem wunderbar-kritischen ersten Testleser, der mir wie immer zahlreiche hilfreiche Hinweise gegeben hat. Ebenso Dank an meine liebe, kluge Freundin Isolde für ihre auch diesmal wieder treffsicheren Kommentare. Danke an alle Mitarbeiter des Campus Verlags, insbesondere an meine Lektorin Stephanie Walter. Tausend Dank an Rita Berman für die wundervollen Illustrationen in diesem Buch. Ein großer Dank meinen vielen Tausend Coaching-Kunden und Ausbildungsteilnehmern, bei denen ich die Wirksamkeit und Heilkraft der Methoden, die Du hier im Buch findest, in den letzten zwanzig Jahren immer wieder erleben durfte. Danke an meine Freundin und Astrologin Ursula, die mich seit vielen Jahren dabei begleitet, mich selbst besser zu verstehen, die mir hilft, Geduld zu haben, wenn das Universum mal wieder länger braucht, als ich mir das vorgestellt habe, und von der ich die Idee mit dem Durchatmen vor der roten Ampel bekommen habe. Und zum Schluss wie immer: tausend Dank an »meine Jungs«.

Literatur

Berndt, Christina. *Resilienz. Das Geheimnis der psychischen Widerstandskraft.* 2013, dtv.

Boroson, Martin. *One Moment Meditation.* 2012, J. Kamphausen.

Gulder, Angelika. *Finde den Job, der dich glücklich macht.* 2013, Campus Verlag.

Gulder, Angelika. *Aufgewacht! Wie Sie das Leben Ihrer Träume finden.* 2011, Campus Verlag.

Gulder, Angelika. *Der Seelen-Navigator. In 7 Schritten zu Deinem wahren Lebensplan.* 2016, Arkana.

Johnstone, Matthew. *Resilienz. Wie man Krisen übersteht und daran wächst.* 2015, Verlag Antje Kunstmann.

Mayer, Heike. *Das seh ich entspannt.* 2016, Scorpio Verlag.

Muri, Franziska. *Alles, was mich glücklich macht.* 2016, Integral.

Richardson, Cheryl. *It's your life.* 2001, mvg.

Ware, Bronnie. *5 Dinge, die Sterbende am meisten bereuen.* 2015, Goldmann.

Coaching-Ausbildungen und individuelles Coaching auf der Engelsfarm

Ganzheitliche Coaching-Ausbildung

Du hast erkannt, dass eine der Aufgaben Deiner Seele ist, andere Menschen zu unterstützen?

Dafür braucht es solides Handwerkszeug. Darum führe ich seit vielen Jahren die Ganzheitliche Coaching-Ausbildung durch. Darin lernst Du, berufliche Themen, vor allem aber auch persönliche und seelische Themen Deiner Kunden zu begleiten und ihre Entwicklung zu unterstützen. Und ganz nebenbei entwickelst Du Dich dabei intensiv selbst.

Karriere-Navigator

Du möchtest Deine Berufung finden und sie im für Dich passenden Job leben?

Das gelingt mit dem Karriere-Navigator, den Du im Einzel-Coaching oder im Workshop auf der Engelsfarm durchführen kannst. Oder als zwölfwöchiges Online-Coaching ganz in Deinem Tempo bei Dir zu Hause.

Kontakt und weitere Informationen
Website: www.coaching-up.de
Facebook: www.facebook.com/AngelikaGulder

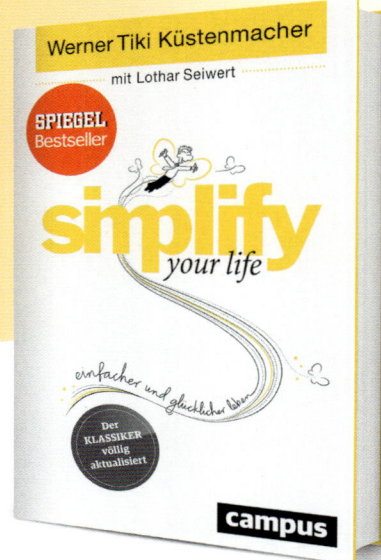